생각의 배신

머릿속 생각을 끄고
일상을 회복하는
뇌과학 처방전

생각의 배신

배종빈 지음

서사원

차례

프롤로그　문제는 생각이다　　　　　　　　　　　008

1　생각이 마음의 병을 일으킨다?
: 생각의 배신

1　부정적인 감정은 생각할수록 강해진다　　　016
　생각에 대한 오해

2　생각은 어떻게 우리를 병들게 하는가?　　　022
　불안에 대응하는 뇌의 컨트롤타워

3　반복된 생각은 뇌를 지치게 한다　　　　　029
　뇌의 '정신피로'

4　우리 뇌는 행복보다 생존이 중요하다　　　035
　불안과 동행하기

5　생각을 처리하는 방식에도 신념이 작용한다　042
　메타인지적 신념

6　생각의 굴레에서 빠져나오는 게 시작이다　048
　반복되는 생각과 우울, 불안 증세의 연결고리

7　지금, 이 순간에 집중하는 사람이 행복하다　053
　몰입의 기쁨

2 우리는 왜 부정적인 생각에 빠질까?
: 우울과 불안을 가져오는 생각들

1 그런 일이 일어나면 어떡하지?   064
미래에 대한 걱정

2 왜 생각이 내 마음대로 되지 않을까?   070
생각을 통제하려는 생각

3 내가 그때 왜 그랬을까?   077
수치스러운 일에 관한 생각

4 나는 왜 이렇게 게으를까?   083
노력에 대한 과신

5 저 사람은 왜 나를 힘들게 할까?   092
타인에 관한 생각

6 어떤 걸 골라야 할지 모르겠어   098
후회 없는 선택을 해야 한다는 생각

7 아직도 뭔가 부족해   106
완벽에 관한 생각

3 부정적인 생각도 예방할 수 있다
: 생각의 늪에 빠지는 상황들

1 몸이 지칠 때 뇌는 바빠진다   116
신체 활동의 필요성

2 해야 하는데 몸이 움직여지지 않아   120
미루기에 대한 생각

3 생각이 수면 위생을 나쁘게 한다   126
숙면을 위한 잠자리 루틴

4 참을 수가 없어   133
자극적인 것에 대한 추구

5 혼자 있을 때 생각에 둘러싸인다   142
안전한 관계망의 중요성

6 단순한 일을 하는 게 더 피곤하다   147
작업 기억과 생각

4 생각은 단순하게, 행동은 빠르게
:생각의 악순환에서 벗어나는 사고의 기술 10가지

1 생각에 빠지는 순간을 알아차려라   154
내 생각을 점검하는 메타자각

2 생각이 많을 때는 몸을 움직여라   160
움직임을 계획하는 뇌로 전환하기

3 공간에도 감정이 깃든다   167
장소를 바꿔 생각을 환기하기

4 혼자서 생각하기보다 함께 생각하라   172
확증 편향에서 벗어나기

5 즐거움은 최고의 도구다   179
취미 활동

6 기록은 불필요한 생각의 반복을 막는다   184
우울과 불안을 낮추는 기록 습관

7 생각의 목적을 분명히 하라   189
생각의 이정표

8 외적 자극이 아닌 정신의 힘을 기르자   195
정신의 힘을 기르는 명상

9 좋은 습관이 좋은 인생을 만든다   201
습관의 작동 원리

10 필요할 때는 현대 의학의 힘을 빌려라   207
올바른 약물 치료

에필로그   삶을 변화시키는 생각의 기술들   214

미주   216

문제는 생각이다

과학자를 꿈꾸었던 저는 정신과 의사가 된 후 진료와 연구를 병행하며, 늘 계획했던 대로 삶이 흘러가는 것 같았습니다. 2021년 겨울, 갑작스러운 소식을 듣기 전까지는 말이지요. 1년 뒤 제 직위가 해제된다는 것이었습니다. 머릿속에 경고등이 켜졌고, 마음은 초조해졌습니다.

저에게 닥친 문제와 미래에 대한 걱정으로 도저히 해야 하는 일에 집중할 수 없었습니다. 저는 점점 우울해졌습니다. 기분은 다운되고 의욕이 나지 않으니 새로운 것을 시작할 힘이 없었습니다. 하던 연구도, 앞으로의 삶도 버겁게 느껴졌습니다. 메일함을 열 때마다 예상치 못한 일이 생길 것 같아 불안하고 긴장되었습니다.

여느 때와 다름없이 병원에 출근하던 어느 날, 버스 안에서 갑자기 숨을 쉬기가 어려웠습니다. 가슴 한가운데가 답답한 것이 마치 묵직한 돌이 누르는 것만 같았지요. 심장은 빠르게 뛰었고, 손과 발은 차가웠습니다. 곧 죽을 것만 같은 공포감이 엄습해왔습니다. 깊은 호흡으로 마음을 진정시켜보려 했지만 쉽지 않았습니다. 그런 일이 출근할 때마다 계속됐습니다.

증상이 점차 심해져 직장 생활에 지장이 생기자 병원을 그만두는 것에 대해 고민했습니다. 결국 2022년 2월, 사직서를 제출하고 병원을 나왔습니다. 병원을 나오면 좀 나아질 것이라 기대했건만, 시간이 많아지자 오히려 더 괴로웠습니다. '나는 꿈을 포기한 실패자다'라는 생각이 저를 더 짓눌렀기 때문입니다.

이대로는 안 되겠다는 생각에 다시 한번 저의 상태를 천천히 살펴보았습니다. 곰곰이 지난 시간을 돌이켜보니, 저를 우울하고 불안하게 만든 것은 제가 처한 상황이나 저에게 닥칠 미래가 아니었습니다. 문제에 관한 생각, 미래에 대한 걱정, 자신에 대한 부정적인 생각의 반복이 기분을 저하시키고, 몸을 긴장시켰던 거였습니다. 상황이 달라지면 좋아질 것이라 기대했지만, 부정적인 생각이 반복되는 한 계속 우울하고 불안할 수밖에 없었습니다. 상황보다 생각이 문제였습니다.

생각으로 인해 고통을 겪고 있음에도 불구하고, 대부분의 사람들은 생각에 빠지는 것을 실제로 문제라고 인식하지 않습니다. 이는 우리 사회가 생각하는 행동을 긍정적으로 평가하고, 어릴 적부터 생각을 많이 하도록 교육받아왔기 때문입니다. 정신건강에 대해서 잘 모르는 사람들은 종종 '생각을 바꿔' '긍정적으로 생각해'라며 더 많이 생각하기를 권유하지만, 이러한 권고는 정신장애를 경험하는 분들에게는 도움이 되지 않는 경우가 많습니다.

최근 뇌 과학 연구들은 생각에 빠지는 것이 각종 정신장애와 밀접한 관련이 있으며, 정신장애의 발생 가능성, 예후와도 깊은 연관이 있음을 입증하고 있습니다. '방황하는 마음mind wandering' '반추rumination' '부정적인 생각의 반복repetitive negative thinking' '걱정' 등이 우울장애, 불안장애와 밀접한 관계가 있다는 연구들도 많이 진행되고 있습니다. 최근에는 이러한 연구를 바탕으로 우울장애와 불안장애를 예방하고 치료하기 위해 반복되는 생각을 줄이는 다양한 방법들이 시도되고 있지요.

지난 몇 년 동안 환자분들의 생각을 듣고, 생각에서 벗어나는 방법에 대해 함께 고민했습니다. 생각에 빠지는 것을 문제라고 인식하고, 생각에서 벗어나는 것이 우울과 불안 증상 회복에 큰 도움이 되는 것을 여러 차례 목격했습니다. 또한, 회복 이후에도 생각에 빠지지 않는 것이 많은 분을 더 행복하게 만드는 결과를 보았습니다.

이 책은 지금껏 쌓인 임상 경험과 뇌 과학 연구 등을 바탕으로 생각이 많은 사람에게 구체적이고 실질적인 도움을 주고자 썼습니다. 1장에서는 반복되는 생각이 우울장애와 불안장애를 일으키는 과정을 살펴보며 생각에서 벗어나는 것이 어떻게 우울과 불안을 줄이고 행복감을 키우는지에 대해 이야기합니다. 2장에서는 주로 어떠한 생각이 우리 머릿속에 반복되는지 알아보며, 이 같은 생각에서 벗어나기 위해 기억해야 할 것들을 짚어봅니다. 3장에서는 생각에 빠지게 되는 상황들을 설명하며, 이런 상황을 어떻게 극복할 수 있을지 안내합니다. 4장에서는 생각의 반복에서 벗어나 지금 해야 할 일에 몰입할 수 있는 구체적인 기술들을 소개합니다. 간단하지만 많은 사람에게 효과가 있었던 방법으로, 실생활에 적용할 수 있다면 반복되는 생각에서 빠져나오는 것은 물론 생각으로 인한 우울과 불안을 줄이는 데 큰 도움이 될 것입니다.

이 책은 저 혼자의 힘으로 나온 것이 아닙니다. 진료실을 방문한 많은 환자분을 치료하는 과정에서 짧은 진료 시간에 한계를 느끼며 이 책의 필요성을 절감했습니다. 많은 환자분에게 도움이 된 방법들이 이 책의 기반이 되었습니다. 진료 과정에서 영감과 통찰을 주신 모든 환자분께 감사드립니다. 더불어 모든 사례는 가명을 사용했으며 진료 현장에서 자주 접하는 환자의 이야기로 각색해 재구성했습니다.

치료에 있어 가장 중요한 것은 '환자가 나아졌으면 하는 마음'입니다. 진료하다 보면 이 마음이 어떤 지식과 기술보다 더 큰 치료 효과가 있다는 것을 자주 경험합니다. 이 책도 읽는 분들이 우울과 불안에서 벗어나 행복에 이르기를 바라며 썼습니다. 그 마음이 여러분에게 전달되어 아픈 마음이 회복되고 건강한 일상을 되찾는 데 도움이 되기를 바랍니다.

1

생각이 마음의 병을 일으킨다?
: 생각의 배신

생각은 인간의 본질적인 행위 중 하나로, 많은 사람은 생각하는 행위를 긍정적으로 바라본다. 하지만 상식과 달리 생각은 우리를 불행하게 만들기도 하며, 때로는 우울감과 불안감을 유발해 정신장애를 일으키기도 한다. 이 장에서는 생각이 어떻게 우리를 불행하게 하며, 정신장애를 유발하는지 살펴보고자 한다.

1

부정적인 감정은
생각할수록 강해진다

생각에 대한

오해

       생각은 의식적인 정신 활동으로, 단순히 보고 듣고 움직이는 것과는 다르다. 우리는 보고 듣고 움직이는 시간만큼이나 많은 시간을 생각하며 보내는데, 실제로 사람들은 깨어 있는 시간 중 약 47%를 지금 하는 일이 아닌 다른 무언가를 생각하며 보낸다고 한다.[1] 프랑스 철학자 르네 데카르트는 저서 《방법서설》에서 모든 것이 거짓이라 생각하더라도 이처럼 생각하는 내가 어딘가에 존재해야 한다며, "나는 생각한다. 고로 나는 존재한다"를 의심할 수 없는 철학의 제1원리로 이야기했다. 이처럼 생각은 인류의 본질적인 행동이라고 할 수 있다.

많은 사람이 생각하는 행위를 긍정적으로 바라본다. 이러한 관점은 우리가 사용하는 다양한 표현들에서도 찾아볼 수 있다. 배려심이 많은 사람을 가리켜 "그 사람은 생각이 깊어"라고 이야기하는 반면, 충동적인 사람을 가리켜 "그 사람은 생각이 없어"라고 말한다. "많이 생각하고 적게 말하고 더 적게 써라"라는 속담은 말과 행동보다 생각이 우선되어야 함을 강조한다.

실제로 우리는 자라면서 생각하는 법을 끊임없이 배운다. 생각하는 것은 문제를 분석하고 해결할 때, 다른 사람과의 관계를 유지할 때, 그리고 사회인으로서 삶을 살아가는 데 필요하다. 그런데 정신장애를 가진 환자들을 만나 이야기를 듣다 보면, 오히려 생각이 환자들을 힘들게 하거나 우울감과 불안감을 일으키는 경우를 자주 보게 된다. 다음의 사례를 보자.

나연 씨는 20대 여성으로 진취적이고 열정적이었다. 다른 친구들보다 빠른 나이에 원하던 회사에 입사했고 누구보다 열심히 일했다. 회사에서도 인정받았고 본인 자신도 일에서 보람을 느꼈다. 한번은 함께 입사한 동료가 나연 씨에게 자신이 맡은 일을 부탁했다. 나연 씨는 이를 흔쾌히 받아들였다. 그날 이후로 동료는 반복해서 자기 일을 도와달라고 요청했다. 하루는 해야 할 일이 밀려 있던 나연 씨가 동료의 부탁을 거절했는데, 동료는 이것

하나 못 도와주냐며 크게 실망한 기색을 보였다. 그날 이후, 나연 씨는 동료의 무례한 행동이 반복적으로 생각났다. 동료의 행동이 불쾌했으며, 자신에게 왜 그러한 행동을 한 것인지, 앞으로 어떻게 대처해야 할지를 끊임없이 생각했다. 생각은 온종일 나연 씨의 머릿속을 맴돌았다. 특히 쉬거나 자려고 할 때 생각이 꼬리를 물고 이어졌다. 이후 나연 씨의 기분은 크게 저하되었고, 직장에만 가면 불안하고, 동료 생각만 하면 가슴이 두근거렸다. 집에 돌아오면 몹시 피곤했지만 생각이 많아 잠들기가 어려웠다.

나연 씨의 경우, 직장 동료의 무례한 행동이 생각의 시발점이 되었다. 하지만 그 일 자체보다 이후에 나연 씨가 갖게 된 생각이 여러 증상을 유발했다고 볼 수 있다. 끊임없는 생각이 우울과 불안의 원인이 된 것이다.

부정적인 생각과
우울감의 악순환

×

한편 우울하고 불안해서 생각이 많아지기도 한다. 우울증은 무기력감을 일으키므로, 우울증 환자들은 활동이 줄어들면서 생각하는 시간이 많아지게 된다. 불안증을 경험하는 환자들은 불안감을 유발하는 상황에 관한 생각과 걱정이 늘어난다. 다음 사례를 함께 살펴보자.

지우 씨는 어렸을 적부터 생리 전 증후군을 겪었다. 생리하는 주가 되면 몸이 아팠다. 기분이 가라앉고 무기력해졌다. 평상시에 잘하던 일들도 버겁고 힘겹게 느껴졌다. 평상시에는 들지 않는 부정적인 생각과 미래에 대한 걱정으로 대부분의 시간을 보냈다. 우울감과 무기력감이 심해질 때면, 이렇게 사는 것이 무슨 의미가 있나 하는 생각까지 들었다. 지우 씨의 사례는 우울과 불안으로 생각이 많아졌고, 부정적인 생각이 우울과 불안을 일으키는 악순환에 빠진 경우라고 볼 수 있다.

네덜란드의 레이던대학교 연구팀은 반복되는 부정적인 생각과 우울·불안의 관계를 연구했다. 네덜란드인 2000여 명을 대상으로 반복적인 생각과 걱정의 정도를 측정했고 우울장애와 불안장애 유무를 확인했다. 그 결과, 반복적인 생각은 우울장애, 불안장애의 유무와 밀접한 관련이 있었고, 당장은 문제가 없던 사람들도 생각이 많은 경우 3년 뒤에 심리적 어려움을 겪을 가능성이 컸다. 그뿐만 아니라 반복적인 생각과 걱정을 많이 하는 우울장애와 불안장애 환자들은 해당 장애가 3년 뒤에도 지속될 가능성이 컸다. 이처럼 반복적인 생각과 걱정이 우울장애와 불안장애의 발생과 지속에 영향을 미친다는 것이 확인되었다.[23]

　환자가 아닌 일반인을 대상으로 한 연구에서도 생각에 빠지는 것과 행복감이 밀접한 관련이 있는 것으로 드러났다. 하버드대학교 연구진이 수행한 흥미로운 연구가 〈사이언스〉지에 실렸다. 연구진은 83개 국가의 5000여 명을 대상으로 휴대폰 앱을 활용하여 어떤 행동을 할 때 행복하거나 불행해지는지를 연구했다. 해당 앱은 때때로 사용자에게 메시지를 전달하여 지금 무슨 행동을 하고 있는지, 얼마나 행복한지, 지금 하는 일이 아닌 다른 무언가를 생각하고 있는지를 스스로 평가하게 했다. 자료를 분석한 결과, 사랑을 나눌 때, 운동할 때, 대화할 때, 놀 때, 음악을 들을 때 순으로 행복했고, 반대로 부정적인 생각 속에서 헤매고 있을 때 가

장 불행했다.[4] 이처럼 부정적인 생각의 반복은 해야 할 일을 방해할 뿐 아니라 우리를 불행하게 만든다.

※　　　　　　**이것만은 꼭! 핵심 처방**　　　　　　※

생각은 인간의 본질적인 행위 중 하나로, 많은 사람은 생각하는 행위를 긍정적으로 바라본다. 하지만 상식과 달리 생각은 우리를 불행하게 만들기도 하며, 때로는 우울감과 불안감을 유발해 정신장애를 일으키기도 한다.

2 생각은 어떻게
우리를 병들게 하는가?

불안에 대응하는
뇌의 컨트롤타워

우리 몸에는 끊임없이 변화하는 기관이 있다. 바로 뇌다. 뇌는 수많은 신경세포와 신경세포 간의 연결로 구성되어 있는데, 외부 환경에 잘 대처할 수 있는 방식으로 끊임없이 변화하는 게 특징이다.

런던 택시 기사들의 일화는 뇌가 필요에 따라 변화함을 보여주는 좋은 예다. 영국 런던에는 2만 6000개가 넘는 도로가 아무 규칙 없이 놓여 있고 수천 개의 랜드마크가 있다. 런던에서 택시를 운전하기 위해서는 '런던의 지식Knowledge of London'이라는 면허 시험을 통과해야 하는데, 시험 응시자들은 출발지와 도착지만을 듣고 가장 빠른 길을 찾아야 한다. 또한 방향을 꺾을 때마다 머릿속 지도로 주변에 어떤 랜드마크가 있는지 설명해야 한다. 시험 응시자들은 반복해서 런던의 지리를 외우고 가장 빠른 경로를 탐색하는 훈련을 반복하게 된다. 연구자들은 시험 응시자들에게서 기억을 담당하는 해마가 커지고 밀도가 높아지는 것을 발견했다.[5] 이런 연구 결과는 우리 뇌가 학습 과정에서 변한다는 것을 보여주는데, 이를 신경가소성Neuroplasticity이라고 한다. 신경가소성이란 신경세포의 성장과 재조직을 통해 스스로 신경 회로를 바꾸는 능력을 말한다. 우리 뇌는 신경가소성을 바탕으로 주변 환경에 적절히 대응할 수 있는 상태를 만든다. 다음 승훈 씨의 사례를 함께 살펴보자.

20대 대학생인 승훈 씨는 적극적이고 활달해서 모임을 주도하는 성향이었다. 무언가를 발표할 일이 있으면 나서서 하는 성격이었다. 그런데 한 사건 이후로 발표가 어렵고 두려워졌다. 개강 후 전공과목의 첫 발표 날이었는데, 승훈 씨가 첫 번째 순서로 발표하게 되었다. 제법 오랜 시간을 준비했고, 발표에는 자신이 있었기 때문에 크게 떨리지 않았다. 그런데 발표 도중, 교수가 발표를 중단시키고는 다른 학생들 앞에서 "최악의 발표다" "이렇게 하면 절대 안 된다는 것을 보여주는 발표였다"라며 승훈 씨의 발표를 비판했다. 승훈 씨는 고개를 들기가 어려웠다. 당장이라도 교실 문을 박차고 나가고 싶었다. 교수는 승훈 씨를 앞에 세워둔 채로 오랫동안 학생들에게 설명했는데, 승훈 씨에게는 무척이나 고통스러운 시간이었다. 그 뒤로 승훈 씨는 발표가 두려워졌다. 발표를 하는 생각만으로도 가슴이 답답하고, 손에 땀이 났다. 실제로 발표할 때도 목소리가 크게 나오지 않았고 자신감도 없었다. 결국 승훈 씨는 발표에 대한 두려움을 극복하지 못하고 휴학을 결정했다.

뇌의 신경가소성이 크게 발휘되는 순간 중 하나는 우리가 생존의 위협에 처했을 때다. 승훈 씨의 상황은 생존이 위협당하는 정도는 아니라고 생각할 수 있다. 하지만 사회적 동물인 사람은 망신당하거나 수치심을 느끼는 상황에서 무리에서 버려질 수 있다는 생존의 위협을 느끼게 된다. 교수가 승훈 씨의 발표를 비난했을 때, 당장 이 상황을 피하고 싶은 승훈 씨에게선 다양한 신체 반응이 나타났는데, 이는 우리 뇌가 위험한 상황에 보이는 반응들이었다. 생존의 위협을 경험하게 되면 우리 뇌는 우리를 더 잘 보호할 수 있는 방식으로 변한다. 위험한 상황에서 뇌가 어떻게 변하는지 이해하기 위해 편도체와 내측전전두피질에 대한 설명이 필요하다.

뇌의 두 가지 컨트롤타워

×

편도체는 뇌에서 감시탑 역할을 한다. 위험을 감지하고, 몸이 위협에 처했다고 판단하면 사이렌을 울려서 몸과 마음이 위험에 대비하도록 한다. 우리가 뱀을 보자마자 깜짝 놀라고 가슴이 두근거리고 호흡이 가빠지는 것은 감시탑인 편도체의 경보반응에 의한 것이다. 내측전전두피질은 중앙 관제탑의 역할을 한다. 편도체가 사이렌을 울리면 조사반을 출동시켜서 실제로 위험한 상황인지를 확인한다. 편도체가 위험하다고 판단한 것이 실제로 위험하지 않다면, 편도체를 억제하여 사이렌을 중단시키기도 한다. 우리가 모형 뱀을 보고 깜짝 놀랐다가도 그것이 장난감이라는 걸 알고 마음이 진정되는 것은 중

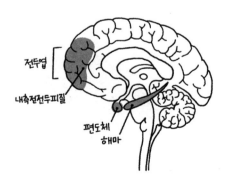

전두엽

내측전전두피질

편도체
해마

앙 관제탑인 내측전전두피질이 편도체의 활성화를 억제했기 때문이다.

감시탑과 중앙 관제탑이 각자의 역할을 하면서 위험으로부터 마을을 지키는 것처럼 편도체와 내측전전두피질도 서로 상호작용을 하며 위협으로부터 우리의 몸과 마음을 지킨다. 그런데 생존의 위협에 지속적으로 노출되면 편도체와 내측전전두피질의 균형이 깨지면서 편도체의 활성화가 지속되고, 내측전전두피질

의 억제 기능은 줄어든다. 이처럼 둘의 균형이 깨지면, 동일 자
극에도 감정 반응이 크게 나타나 감정에 의한 스트레스 반응을
억제하기가 어려워진다.[6]

부정적인 생각의 반복은 우리 뇌를 생존의 위협을 느꼈을 때
의 뇌와 같은 상태로 변하게 한다. 우리 뇌는 상상과 현실을 구
분하지 못한다. 그렇기 때문에 어떤 상황에 관한 생각을 반복하
면 우리 뇌는 그 상황을 실제로 반복해서 경험했다고 착각한다.
예를 들어, 친구와 말싸움을 하고 집에 돌아와서 그 일을 다시
떠올리면 우리 뇌는 누군가와 싸우는 상황으로 여겨 각종 스트
레스 반응을 일으킨다. 감정을 일으키는 부위인 편도체가 불안
과 긴장을 유발해, 가슴이 두근거리고 숨이 가빠지는 등의 반응
이 나타난다.

실제로 피츠버그대학교의 연구진은 우울증 환자 35명과 우울
하지 않은 대조군 29명을 대상으로 부정적인 생각을 반추하는 정
도를 조사하고 뇌의 기능을 보여주는 fMRI(기능적 자기공명영상)
촬영을 진행했다. 그 결과 부정적인 생각을 반복할수록 편도체
가 지속적으로 활성화된다는 것을 발견했다.[7]

만약 승훈 씨가 그때의 경험을 반복해서 생각하지 않았더라
면, 발표에 대한 두려움이 그 정도로 커지지 않았을 수도 있다.
부정적인 생각을 반복했기 때문에 편도체 반응이 활성화되었고

이를 억제하는 내측전전두피질의 기능이 떨어지면서, 발표를 제대로 할 수 없을 정도로 불안해진 것이다. 부정적인 생각을 반복하는 사람은 결과적으로 우울감과 불안감을 더 자주, 깊게 느끼게 되고, 불면증 등 여러 신체 증상도 동반되면서 우울장애와 불안장애에 취약한 상태가 된다.

※　　　　　　　　　　　**이것만은 꼭! 핵심 처방**　　　　　　　　　　　※

우리 뇌는 신경가소성을 바탕으로 주변 환경에 적절히 대응할 수 있는 뇌 상태를 만든다. 생존의 위협을 경험하게 되면 뇌는 우리를 더 잘 보호할 수 있는 방식으로 변하는데, 부정적인 생각을 반복하면 뇌는 실제로 위험한 상황에 처했다고 생각해 스트레스 반응을 일으킨다. 결과적으로 우울감과 불안감을 더 자주, 깊게 느끼게 되고, 우울장애와 불안장애에 취약한 상태가 된다.

3

반복된 생각은
뇌를 지치게 한다

뇌의
'정신피로'

　　　　　　　　　　30대 여성인 정연 씨는 9년 차 직장인이다. 그동안 직장 생활을 하면서 큰 문제 없이 지내왔다. 그런데 1년 전에 부서가 바뀌면서 상사인 부서장과의 갈등이 시작되었다. 부서장은 정연 씨가 수행한 업무에 대해서 항상 비판했고, 이 정도밖에 못 하냐며 혼을 내곤 했다. 정연 씨는 속상했지만 내색하는 일 없이 열심히 일하다 보면 언젠가는 인정받으리라 생각했다. 더 열심히 일했고, 부서장의 질책에도 말대꾸하지 않고 참았다. 그런데도 부서장은 정연 씨를 좋게 보지 않았다. 다른 부서원들을 대할 때와 정연 씨를 대할 때가 확연하게 차이가 났고, 다른 부서원들이 있는 회의 자리에서 정연 씨를 나무라기도 했다. 일을 배분할 때도 다른 직원들이 하기 싫어하는 업무 위주로 정연 씨에게 맡겼다. 정연 씨는 도대체 부서장이 자신에게 왜 그러는지, 부서장을 어떻게 대해야 할지 끊임없이 생각했다. 회사에서는 물론이고, 일을 마치고 집에 돌아오는 길에도, 그리고 집에 돌아와 쉬면서도 그 생각들이 머릿속을 떠나지 않았다. 그렇게 지내다 보니 몸에도 변화가 왔다. 일에 집중이 안 되고, 항상 무기력했다. 하고 싶은 것도 없어서, 퇴근 후나 주말에도 침대에서 대부분의 시간을 보냈다.

그러던 중, 상사가 업무 결과를 나무라는 상황에서 정연 씨는 결국 감정을 억누르지 못하고 화를 냈다. 단 한 번도 상사에게 감정을 드러낸 적이 없었기에 주변 사람들도 놀랐고 정연 씨 자신도 놀랐다. 스스로 문제가 생겼음을 인지한 정연 씨는 도움이 필요하다고 생각해 병원을 찾았다. 위의 사례는 끊임없는 생각으로 몸과 마음이 지치게 된 경우로, 상사와의 갈등을 반복해서 떠올린 결과 몸과 마음이 지쳐버린 것이었다.

근육은 반복해서 사용하면 통증 신호를 보내 휴식이 필요함을 알린다. 이 통증 신호를 무시하고 무리하게 움직이다가는, 필요한 순간에 적절히 근육을 수축하지 못해 균형을 잃고 넘어지거나 근육이나 인대가 다치기도 한다. 그러므로 운동을 무조건 많이 한다고 좋은 것이 아니라 신체 조건에 맞게 적당하게 하는 것이 중요하다. 뇌도 마찬가지다.

헝가리의 페치대학교 연구진은 연구 참여자 56명에게 지속적인 주의력을 평가하는 정신운동 각성 과제psychomotor vigilance task를 약 5분씩 반복 수행하게 했다. 연구 결과, 과제를 반복할수록 뇌의 반응속도가 늦어졌고 주의력과 관련된 뇌 영역들의 활성도가 감소했다.[8] 즉, 같은 일을 반복하면 뇌도 지친다.

반복된 생각이
뇌를 지치게 하는 이유
×

뇌가 지치는 것을 정신피로Mental fatigue라 하는데, 인지 활동을 하는 시간이 길어지면서 유발되는 상태를 뜻한다. 정신피로는 피곤한 느낌을 들게 하고 인지능력을 저하시키며, 수행 동기를 떨어뜨린다.

우리의 머릿속에는 다양한 생각들이 스쳐 지나간다. 그중에서 우리의 주의를 끄는 생각은 주로 감정을 동반하는데 특히 우울, 불안, 긴장, 분노와 같은 부정적인 감정들이다. 이러한 생각이 머릿속에 오래 머무를수록 해당 생각과 관계있는 신경망들이 강하게 연결되고, 이와 같은 생각은 더 자주 우리 머릿속에 떠오르게 된다. 그때마다 일어나는 스트레스 반응으로 인해 우리 몸은 다양한 자극에 예민하게 반응하게 된다. 편안하게 쉬지 못하고 자꾸만 주위를 경계하게 되며, 깊이 잠들지 못하고 작은 자극에도 잠이 깨고 만다. 이는 결과적으로 뇌를 더 지치게 하고, 뇌가 지치면 반복되는 생각에서 빠져나오기 더욱 어려워진다. 대부분의 생각은 일시적으로 우리의 주의를 끌었다가 자연스럽게 사라지지만 특정 생각은 우리의 주의를 사로잡고 놓아주지 않는다. 강한 감정을 유발하는 생각이나 우리가 크게 의미를 부여한 생각들이 그렇다.

예를 들어 자동차 사고를 당하고 나면, 사고 당시의 기억과 또 사고가 나지 않을까 하는 불안감이 반복해서 떠오른다. 이때 주의를 다른 곳으로 돌리는 일이 중요한데, 이를 위해서는 주의를 조절하는 전전두피질(전두엽의 앞 부분을 덮고 있는 대뇌 피질)의 역할이 필요하다. 그런데 뇌에 피로가 쌓이면 주의력과 관련된 뇌 기능이 떨어지게 되고 주의력 조절 능력의 저하로 인해 생각에서 빠져나오는 것이 더욱 힘들어진다. 생각이 뇌를 지치게 하고, 지친 뇌는 생각에서 빠져나오기 어려워지는 악순환의 고리가 만들어지는 것이다.

그렇다면 생각을 멈추고 쉬면 되지 않느냐고 반문할 수 있다.

그런데 우리 뇌는 무언가에 주의를 기울이지 않을 때도 여전히 활발하게 움직인다. 흔히 '아무것도 안 할 때 오히려 잡생각이 많아진다'라고 하는데, 실제로도 뇌는 그렇게 움직이고 있다. 우리가 휴식할 때 동시에 활성화되는 뇌 영역을 디폴트 모드 네트워크Default Mode Network 라고 부르는데, 이 네트워크가 활성화되면 우리는 과거의 경험을 떠올리거나 미래에 대한 상상, 자기 인식, 타인과의 관계 등을 살피게 된다. 디폴트 모드 네트워크는 창의적으로 사고하고 대인 관계를 원활히 맺는 데 도움을 주기도 하지만, 우울증 환자들의 경우 이 기능이 과하게 작동하여 뇌가 지쳐버리게 된다.

시카고의 일리노이대학교 연구진은 우울장애에서 회복된 26명

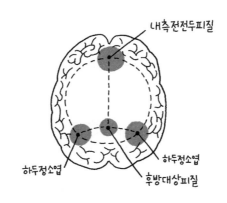

디폴트 모드 네트워크

의 청소년과 정신장애가 없는 청소년 15명을 대상으로 디폴트 모드 네트워크와 생각의 반복과의 관계를 연구했다. 연구에 참여한 청소년들은 누군가에게 상처받은 일과 같은 부정적인 경험을 떠올리고 그 순간 얼마나 감정적으로 힘든지를 스스로 평가하도록 했다. fMRI로 뇌 영역별 활성도를 측정한 결과, 부정적 생각을 반복할 때 디폴트 모드 네트워크가 활성화되었으며, 디폴트 모드 네트워크가 크게 활성화될수록 생각을 반복하는 경향이 크고 우울 증상이 심하다는 결과가 나왔다.[9]

단순하게 쉬는 것은 뇌의 입장에서는 쉬는 것이 아니고 오히려 생각에 빠지느라 바쁜 시간이 될 수 있다. 지친 뇌가 회복되기 위해서는 단순히 아무것도 하지 않는 것보다 생각에 빠지지 않으면서 휴식을 취하는 방법과 기술이 필요하다. 뇌를 회복시키는 방법에 대해서는 4장에서 좀 더 이야기하고자 한다.

☼　　　　　　**이것만은 꼭! 핵심 처방**　　　　　　☼

우리 몸의 다른 기관처럼 뇌도 반복해서 사용하면 지친다. 반복되는 생각은 뇌를 지치게 만들고, 지친 뇌는 더 쉽게 생각에 빠지는 악순환이 거듭된다. 단순히 쉬는 것은 디폴트 모드 네트워크를 활성화하여 오히려 더 생각에 빠지게 만들 수 있으므로 생각에 빠지지 않으면서 지친 뇌를 회복해야 한다.

4

우리 뇌는 행복보다
생존이 중요하다

불안과

동행하기

부정적인 생각을 반복하는 것은 우리를 우울하고 불안하게 한다. 그런데도 왜 뇌는 이러한 생각을 반복하는 것일까? 그 이유는 부정적인 감정을 일으키는 생각을 반복하는 것이 생존에 유리하고, 뇌는 우리의 행복보다 생존을 중요하게 여기기 때문이다.

우리 뇌는 척박한 환경에서 생존하기에 적합하게 만들어졌다. 현생 인류의 조상인 호모사피엔스는 15~25만 년 전에 처음 나타났는데, 당시는 지질시대 중 신생대 제4기의 전반으로 플라이스토세라고 부른다. 이 시기에는 4~6회의 빙기와 간빙기가 있었으며 빙기에는 해수면이 내려가고 간빙기에는 해수면이 올라가는 변화가 반복되고 화산 활동이 활발하게 일어났다고 한다.

척박한 환경 속에서 인류는 식물의 열매를 채집하거나 동물을 사냥하며 살아갔다. 주변에는 위험한 육식동물, 독이 있는 곤충과 식물, 위험한 지형 등 인류의 생존을 위협하는 것들이 항상 도사리고 있었다. 이런 환경에서 살아남기 위해서는 생존을 위협하는 상황을 잘 학습하고 기억하는 것이 무척 중요했고, 생존을 우선하는 뇌는 생각을 반복하는 방식으로 인류의 생존 능력을 극대화했다. 예를 들면, 열매를 따다가 호랑이를 마주쳐서 급히 도망쳤다면, 우리 뇌는 그 일을 반복해서 떠올린다. 아마도 그 원시인은 그날 저녁에 호랑이를 마주친 일을 생각하며 가슴이 두근거리고, 무섭고, 긴장되어 잠을 이루지 못했을 것이다.

상상만으로도 불안하고 손발에 땀이 나는 등 스트레스 반응이 일어났을 것이다. 그리고 며칠 동안은 호랑이 생각에 긴장되고 예민한 상태로 있었을 것이다. 다음에 열매를 따러 갈 때는 불안하고 긴장되어 주변 환경을 좀 더 예의주시하며 호랑이가 나타나는지 신경을 곤두세웠을 것이다. 비록 한 번의 경험이지만, 반복해서 생각하는 것은 경험을 여러 번 반복하는 것과 같은 변화를 우리에게 일으킨다. 그리고 이런 변화로 인해 다음번에는 더 예민하고 민첩하게 위험에 반응할 수 있게 된다. 이처럼 위험했던

경험을 반복해서 생각하는 것은 불안감과 긴장감을 유발하지만,
생존에는 유리하다.

행복보다 생존을 위해

움직이는 뇌

×

만약 우리 뇌가 생존이 아닌 행
복을 우선시하고 불안 등의 부정적인 감정을 최소한으로 느끼게

되어 있다면 어땠을까? 아마도 맛있는 과일을 먹기 위해 포식자가 서식하는 지역을 위험하게 돌아다녔을 것이다. 그랬다면 인류는 좀 더 행복했을 수는 있겠지만 위험한 환경에서 살아남기는 어려웠을 것이다. 이처럼 뇌가 힘든 생각을 반복하며 부정적인 감정을 재경험하는 이유는 생존을 행복보다 우선시하기 때문이다.

생각의 반복은 원시시대뿐 아니라 현대사회에서도 위험으로부터 우리를 지켜준다. 다음 사례를 함께 살펴보자.

민수 씨는 운전 습관이 험한 편이었다. 가족들이나 친구들이 안전하게 운전할 것을 권했지만, 단 한 번도 사고가 난 적이 없고 이렇게 해야 운전하는 맛이 난다며 자신의 운전 방식을 고수했다. 그러던 어느 날 민수 씨는 가족들과 함께 근교로 여행을 가다가 교통사고를 당했다. 2차선 도로에서 신호가 빨간불로 바뀌어 급하게 멈췄는데 안전거리를 확보하지 못한 뒤의 차량이 민수 씨의 차를 받은 거였다. 다행히 민수 씨와 가족들 모두 크게 다치지는 않았지만, 민수 씨는 많이 놀랐다. 혹시라도 상대방 차량이 더 컸다면 어땠을까 생각하니 아찔했다. 주말에 여행을 간 것이 후회되었고, 사고를 낸 차량의 운전자가 원망스럽기도 했다.

이와 같은 사고 경험은 민수 씨의 운전 습관을 크게 변화시켰다. 혹시나 사고가 날까 봐 다른 차량의 움직임을 신경 쓰며, 최

대한 안전 운전을 하게 되었다. 교통사고 경험을 반복해서 생각한 것은 민수 씨의 위험한 운전 습관을 바꿔놓았다. 덕분에 민수 씨의 자동차 사고 위험은 이전보다 줄었다. 이처럼 위급 상황을 경험하고 이 경험을 반복해서 떠올리는 것은 위험 행동을 줄이고 안전한 행동을 늘리게 한다. 이를 통해 위험으로부터 우리를 보호한다.

그런데 때로는 위험했던 경험을 반복해서 생각하는 것이 우리를 보호해주기보다 우울과 불안에 빠트리는 경우가 있다. 다음 사례를 살펴보자.

직장인 태연 씨는 최근에 회사 일이 많아 야근이 잦았다. 그날도 야근하고 집에 돌아와 눈만 붙이고 겨우 일어나 지하철을 타고 출근했다. 그날따라 유난히 지하철에 사람이 많았고, 에어컨이 고장 났는지 객실 안이 무척이나 덥고 습했다. 게다가 정거장을 지날수록 사람이 점점 많아져 사람들 사이에 껴서 움직일 수도 없고 숨쉬기도 어려울 정도로 답답한 상태가 되었다. 시간이 지날수록 온몸이 긴장되고 심장이 두근거렸다. 이러다 죽을 것 같다는 생각에 열차가 다음 역에 도착하자마자 사람들을 있는 힘껏 밀치고 열차 밖으로 나왔다. 의자에 앉아서 마음을 진정해보려고 했지만, 쉬이 안정되지 않았다. 도저히 다시 지하철을 탈 자신이 없어서 밖으로 나와 택시를 탔다. 직장에 도착해서도 불안하고 긴장된 마음이 한동안 지속되었다. 그 이후로 사람 많은 곳에만 가면 혹시라도 그날의 일을 다시 경험하지는 않을지 걱정되고 불안했다. 지하철은 무서워서 도저히 탈 수가 없었다. 며칠간은 택시를 타고 출근했지만, 택시비 부담이 만만찮았다. 결국 태연 씨는 직장을 그만두고 대부분의 시간을 집에서만 지냈다. 우울감과 무기력감이 점차 심해졌고 나중에는 집 밖에 나가는 것도 힘이 들었다.

태연 씨의 경우 지하철에서 생존의 위협을 느끼는 일을 경험하고 이 경험을 반복해서 생각한 것이 불안감을 유발했다. 뇌는 생존의 위협을 경험하면 그 뒤로 생존의 위협을 피할 수 있는 신호들을 지속해서 우리 몸에 보낸다. 설령 그 신호가 우리를 불행하게 하고 일상생활을 어렵게 하더라도 말이다. 그리고 이런 반응이 지속해서 심하게 나타나는 경우, 우울장애와 불안장애 같은 각종 정신장애를 유발하기도 한다.

생각의 반복이 생존 가능성을 높이는 뇌의 전략임을 알았다면 이를 극복하기 위한 기술이 필요하다. 뇌가 생각을 반복하는 것은 본능에 가깝다. 뇌가 생각을 반복하도록 놔두면 우리는 생존의 위협으로부터 안전할지는 몰라도 우울이나 불안 등 또 다른 문제에 이르게 된다. 부정적인 생각이 반복된다면, 이 생각이 실제로 우리를 위험에서 지켜줄지 아니면 단지 우울하고 불안하게 만들 뿐인지를 구분해야 한다.

물론 명확하게 구분하기 어려울 수 있다. 어떤 생각은 우리를 위험에서 지켜주면서도 동시에 우리를 우울하고 불안하게 만들 수 있기 때문이다. 하지만 머릿속에서 목적 없이 반복되는 대부분의 생각은 불필요하거나 과도한 걱정이다. 그러므로 우리를 보호하기보다 병들게 하는 생각은 자연스럽게 흘려보내고 좀 더 의미 있고 가치 있는 생각과 행동에 집중해야 한다.

✳ 이것만은 꼭! 핵심 처방 ✳

우리 뇌가 위험했던 경험을 반복해서 생각하는 것은 주변에 항상 위험이 도사리고 있던 환경에서 생존하기 위한 효과적인 전략이었다. 원시시대의 호모사피엔스와 같은 뇌를 가지고 우리는 현대사회를 살아가는 것이다. 그러나 행복보다 생존을 우선시하는 뇌의 반응은 우리를 우울하고 불안하게 만들기도 한다. 그러므로 우울과 불안에서 벗어나 행복에 다가갈 수 있는 효과적인 생각의 기술이 우리에겐 필요하다.

5

생각을 처리하는
방식에도 신념이 작용한다

메타인지적

신념

앞서 우리는 생각이 어떻게 우울과 불안을 일으키는지에 대해서 이야기했다. 이처럼 생각의 특성, 경향, 영향 등에 대해서 생각하는 것은 일종의 메타인지 meta-cognition이다. 메타인지는 '생각에 대한 생각' 혹은 '인지에 대한 인지'를 말하며, 1976년 발달심리학자인 존 플라벨John H. Flavell 이 제안한 개념이다. 만약 여러분이 이 책을 읽으면서 스스로 생각하는 패턴을 돌이켜보고 자신이 생각에 빠졌는지를 살펴보고 있다면 메타인지를 하는 것이다.

일반적으로 메타인지는 학습에서 중요하다고 알려져 있다.

《메타인지 학습법》에서 리사 손 교수는 성공적인 학습을 위해서는 메타인지 전략의 핵심인 모니터링과 조절 능력의 중요성을 강조했다. 자신이 가지고 있는 지식의 질과 양에 대한 평가를 스스로 하는 모니터링과 자신의 현재 상태를 바탕으로 학습 방향을 설정하는 조절 과정 중 하나라도 제대로 기능하지 못한다면 그 학습은 실패할 가능성이 크다고 말한다. 학습에서 메타인지 능력이 중요한 것처럼, 생각에 빠지지 않고 효과적으로 생각을 하기 위해서는 자기 생각을 모니터링하고 조절하는 메타인지 능력이 중요하다.

생각하는 방식에 영향을 미치는 메타인지적 신념

×

메타인지에서 중요한 개념 중 하나는 메타인지적 신념Metacognitive belief이다. 우리는 하루 동안에도 수많은 생각을 하는데, 이 중 우리의 주의를 사로잡고 반복해서 떠올리는 생각이 있는 반면, 자연스럽게 스쳐 지나가는 생각도 있다. 사람마다 생각이 다르듯이 사람마다 생각을 처리하는 방식 또한 다르다. 어떤 사람은 불안감을 유발하는 생각에 주

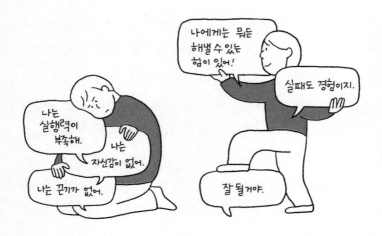

의를 많이 기울이고 오랫동안 생각하는 반면, 어떤 사람은 자신
감을 유발하는 생각에 주의를 기울이고 반복해서 생각한다. 같
은 생각을 하더라도 생각을 처리하는 방식도 사람마다 다를 수밖
에 없다.

과거 경험, 성장 배경, 성격 등 다양한 인자가 생각을 처리하
는 방식에 영향을 미치는데, 그중에서 어떤 신념이 생각을 처리
하는 방식에 영향을 미치는 경우 이를 메타인지적 신념이라고 한
다. 예를 들면, '걱정은 내가 문제를 해결하는 데 도움이 된다'와
같이 걱정의 유용성과 관련된 메타인지적 신념이 있는 경우, 무
언가에 대한 걱정에 좀 더 주의를 기울이게 된다. '과거 일에서
항상 무언가를 배워야 한다'는 메타인지적 신념이 있는 경우에

는, 과거에 있었던 일들을 돌이켜 생각해보는 경향이 있다. 아래의 사례를 살펴보자.

대학생인 유진 씨는 항상 정서적인 결핍을 느꼈다. 대인 관계에 자신이 없었고 항상 자신이 무언가를 잘못한 것 같았으며 사랑받을 자격이 없다고 느껴졌다. 유진 씨는 그 원인이 자신의 과거와 가정환경에 있다고 생각했고, 이를 어떻게 해결해야 할지 늘 고민했다. 유진 씨는 다양한 심리학 서적을 읽으며 '과거에 있던 심리적 문제가 해결되어야 앞으로 나아갈 수 있다'는 신념을 가지게 되었고, 자신의 과거를 어떻게든 해결하려 애썼다. 하지만 자신이 과거에 경험한 일들을 반복해서 생각하게 되면서 이는 결과적으로 우울감으로 이어졌다. 결국 유진 씨는 심한 우울감과 무기력감을 호소하며 병원을 찾았다.

위 사례는 심리적 문제의 원인을 해결해야 한다는 신념 때문에 힘들었던 과거의 생각을 반복하게 된 경우다. 메타인지적 신념은 정신과적 증상, 그리고 정신장애와 밀접한 관련이 있다. 홍콩중문대학교 연구진은 체계적 문헌 고찰을 통해 선택한 47개의 논문을 바탕으로, 정신장애 환자 3772명과 일반인 3376명 간에 메타인지적 신념의 차이가 있는지를 메타분석이라는 방법을 통해 확인했다. 그 결과 우울장애, 범불안장애, 식이장애, 강박행동장애, 조현병 환자는 '생각은 통제할 수 없으며 위험하다'와 '생각을 통제할 필요가 있다'는 메타인지적 신념을 가진 경우가 일반인보다 많았다.[10] 이 연구 결과는 메타인지적 신념이 정신장애와 관련이 깊다는 것을 보여준다. 하지만 메타인지적 신념이 정신장애의 발생에 영향을 미치는 것인지, 정신장애로 인하여 특정 메타인지적 신념을 갖게 되는 것인지는 알 수 없다.

그런데 노르웨이과학기술대학교 연구진의 연구 결과는 메타인지적 신념이 정신과적 증상을 일으킴을 보여준다. 연구진은 연구 대상자 868명의 메타인지적 신념을 평가하고 6주, 12주, 18주, 24주 뒤에 불안 정도를 측정했다. 그 결과 메타인지적 신념은 메타인지적 전략에 영향을 줌으로써 수 주 뒤의 불안 정도에도 영향을 주었다.[11] 어떤 메타인지적 신념을 가졌느냐에 따라서 미래에 더 불안할 수도 있고 덜 불안할 수도 있는 것이다. 이처럼 메타인지적 신념은 생각의 방식에 영향을 주어 우리의 마음을 달라지게 한다.

다양한 메타인지적 신념이 생각을 처리하는 방식에 영향을 미친다. 생각을 반복하게 만드는 메타인지적 신념은 크게 두 가지로 구분된다.

첫 번째는 긍정적 메타인지적 신념이다. '문제를 잘 해결하기 위해서는 생각을 많이 해야 한다'와 같이 생각이 유용하다는 신념이 이에 해당한다. 이러한 신념이 있으면 문제와 관련된 생각이나 걱정을 반복하는 경향을 보이게 되고, 생각에 쉽게 빠질 수 있다.

두 번째는 부정적 메타인지적 신념이다. '나는 생각을 멈출 수가 없어' '이렇게 생각을 반복하다 보면 미쳐버릴 것 같아'와 같이 생각은 통제가 어렵고 해롭다는 신념이다. 생각에 대해 부정적으로 인식함에도 생각의 부정적인 부분에 압도되어 수동적으로 대처하게 되고 생각에서 벗어나려는 시도를 하지 않게 된다.[12]

긍정적이거나 부정적인 메타인지적 신념을 가지고 있는 경우, 생각의 반추에 보내는 시간이 길고 우울 증상이 심한 경향을 보인다. 또한 부정적 메타인지적 신념을 가지고 있는 경우, 6개월 뒤에 더 우울하고 불안한 경향을 보였다.[13] 이처럼 메타인지적 신념은 생각을 처리하는 방식에 영향을 미치며 우울, 불안 등의 발생에 영향을 준다.

※　　　**이것만은 꼭! 핵심 처방**　　　※

우리가 생각을 사유나 성찰의 대상으로 삼는 것은 일종의 메타인지다. 메타인지적 전략에 따라 생각에 빠질 수도, 생각에 빠지지 않을 수도 있다. 이와 같은 메타인지적 전략에 영향을 미치는 신념을 메타인지적 신념이라 한다. 다양한 메타인지적 신념이 우리의 생각을 처리하는 데 영향을 주며, 특정 메타인지적 신념은 우울과 불안의 발생에 영향을 준다.

6

생각의 굴레에서
빠져나오는 게 시작이다

반복되는 생각과 우울,
불안 증세의 연결고리

진료를 하다 보면 '이 환자는 이제 곧 좋아지겠구나'라는 생각이 들 때가 있다. 환자들이 "생각이 많이 줄었어요" 혹은 "이제는 그런 생각을 떨쳐내기가 수월해요"라고 말할 때 그렇다. 자신을 괴롭히던 생각들이 줄어들고, 이러한 생각들의 영향에서 벗어나는 것만으로도 환자들은 한결 편안해지고 그들을 힘들게 했던 우울과 불안 증상도 점차 좋아진다.

아래는 우울장애와 불안장애에서 회복된 사람들의 말을 옮겨 적은 것으로, 회복 후 생각이 줄어들고 생각을 대하는 태도와 방식 또한 달라진 것을 확인할 수 있다.

30대 남성

이전에는 조금만 안 좋은 일이 생겨도 쉽게 무너져 내리곤 했습니다. 심할 정도로 그 일을 계속 생각했고, 안 좋은 생각에서 벗어나기 힘들었습니다. 자살에 관한 생각도 있었고요. 그런데 최근에는 부정적인 생각을 많이 안 하는 것 같습니다. 생각이 아예 안 드는 것은 아니지만 빠져나오기가 쉬워졌어요. 생각의 양을 조절하는 것도 한결 좋아졌습니다. 집에 와서 이런저런 생각이 들더라도 너무 좌절감에 빠지지 않게 되었습니다.

30대 여성

이전에는 부정적인 생각에 완전히 잠식되었던 것 같습니다. 그런 생각에서 헤어나기가 어려워서 힘들었고, 아무리 좋은 생각을 하려고 해도 되지 않았습니다. 요즘에는 생각이 별로 안 들어요. 전체적으로 별생각이 안 드는 것 같습니다. 좋은 쪽으로 생각하려고 노력하기도 하고, 나쁜 생각이 들더라도 안 하려고 노력하는 편이에요.

20대 여성

이전에는 안전과민증 같은 게 심했어요. 건널목을 지날 때도 깜빡하고 옆을 안 봤다가 차에 치이면 어떡하지, 하는 생각이 들곤 했습니다. 어딜 가든 안전에 대한 걱정이 들고 한번 걱정되기 시작하면 마음대로 조절이 되지 않았습니다. 그때는 그게 문제인지도 몰랐어요. 치료받은 뒤에는 강박적으로 걱정하는 게 사라졌습니다. 생각을 잘라내는 것이 쉬워졌어요.

이들의 이야기를 들어보면, 우울장애와 불안장애에서 회복된 후에도 우울감이나 불안감을 유발하는 생각이 머릿속에서 아예 없어진 게 아니었다. 하지만 과거에는 이 생각들이 반복되며 다양한 감정 반응을 일으켰다면, 회복된 후에는 생각을 멈추거나 빠져나오는 것이 한결 쉬워졌다고 입을 모아 이야기한다. 그런데 생각에서 벗어나서 우울과 불안 증상이 호전된 것인지, 우울과 불안 증상이 좋아지면서 생각에서 벗어나기 쉬워진 것인지는 환자들의 이야기만으로는 판단하기가 쉽지 않다. 이에 대한 논의는 아래 연구를 참고하여 이어가보자.

케임브리지대학교 연구진은 우울증 청소년 26명을 두 개의 군으로 나누어 한 군은 항우울제만 복용하고, 다른 한 군은 항우울제와 인지행동 치료를 병행했다. 항우울제만 복용한 군은 우울 증상은 좋아졌지만 생각을 반복하는 정도는 크게 변하지 않은 데 반해, 항우울제와 인지행동 치료를 병행한 군은 우울 증상과 생각을 반복하는 경향 모두 줄어들었다.[14]

이는 생각의 반복을 줄이기 위해서는 항우울제 복용뿐 아니라 인지행동적 접근 또한 중요하다는 것을 보여준다. 그와 동시에 생각을 반복하는 경향이 우울 증상의 회복과는 별개임을 알 수 있다. 즉, 앞서 소개한 환자들의 경우, 우울과 불안 증상이 좋아져서 생각이 줄었다기보다 치료를 통해 생각이 줄어들고 생각에서 빠져나오는 것이 수월해지면서 이에 따라 우울과 불안 증상이 좋아졌을 가능성이 크다.

치료 후에도 생각에 빠지는 경향이 남아 있으면 우울장애나 불안장애가 다시 생기기 쉽다. 물론 이때 증상만 좋아지게 하면 되지, 굳이 생각을 줄일 필요가 있냐라는 의문을 가질 수 있다. 하지만 우울장애나 불안장애가 재발하는 경우가 있기에, 회복 이후에도 좋아진 상태를 꾸준히 유지하고 증상이 다시 발생하는 것을 막는 것은 치료만큼이나 중요하다.

네덜란드의 정신건강관리연구소Institute for Mental Health Care에서 진행한 연구에 따르면, 주요우울장애 환자가 치료 후 5년 내에 재발할 확률은 13.2%, 10년 내는 23.2%, 20년 안에는 42.0%였다.[15] 우울장애를 겪은 모든 사람이 재발하는 것은 아니지만, 그중에 상당수가 재발을 경험한다. 우울장애의 재발에는 다양한 요인이 있는데, 생각을 반복하는 경향이 우울장애의 재발을 예측하는 중요한 지표다. 우울장애, 불안장애에서 회복이 되었다하더라도 생각을 반복하는 경우, 재발 위험이 크다.

독일의 보훔루르대학교 연구진은 과거에 우울증을 앓은 적이 있는 성인 24명을 대상으로 마음 챙김 기반 인지 치료를 시행한 후 환자들이 생각을 반복하는 정도를 평가했다. 1년 뒤에 우울증 재발 여부를 확인했는데, 그 결과 치료 후에도 생각을 반복하는 경향이 높았던 환자들이 우울증이 재발하는 경우가 많았다.[16] 이는 생각에 빠지지 않는 것이 증상의 회복뿐 아니라 증상의 재발에도 중요하게 영향을 미친다는 걸 시사한다. 그렇기 때문에, 우울장애와 불안장애로부터 회복된 뒤에도 생각에 빠지는 태도나 경향을 변화시키는 것이 무척이나 중요하다.

✳   **이것만은 꼭! 핵심 처방**   ✳

생각에서 벗어나는 것은 우울장애와 불안장애의 회복에 있어 중요하다. 또한 생각에 빠지는 경향은 우울장애와 불안장애의 재발과도 관련이 있으므로 생각에서 벗어나려는 노력을 꾸준히 해야 한다.

7

지금, 이 순간에 집중하는
사람이 행복하다

몰입의

기쁨

　　　　　　　　　30대 남성 경준 씨는 삶이 행복
하지 않다며 병원을 찾았다. 10대와 20대 때만 해도 친구들과 어
울리는 것을 좋아했고, 혼자 게임하는 것도 즐거웠다. 대학 생활
은 보고서 작성과 시험공부로 고될 때도 있었지만, 중간중간 취
미 생활도 하고 친구들을 만나는 시간이 즐거웠기 때문에 힘든
순간을 견딜 수 있었다. 취업 준비는 힘들었지만, 고생 끝에 취
직해 내 힘으로 돈을 버는 것은 무척 뿌듯했다. 이제는 버젓이 사
회의 일원이 된 것 같았다. 물론 직장 생활은 크고 작은 스트레스
와 다양한 관계에서의 어려움이 있었다. 하지만 대부분 큰 문제

없이 잘 견뎌냈고, 맡은 일에서도 최선을 다한 덕에 승진도 순조로웠다. 남들이 봤을 때는 안정적인 삶이었다. 하지만 경준 씨는 언제부터인지 삶이 즐겁지 않았다. 직장 생활은 새로울 게 없었고 업무는 지루하게 반복되는 것 같았다. 즐거웠던 일들도 이전만큼 즐겁지 않았다. 친구들은 다들 각자의 가정생활로 자주 만나기 어려웠고, 게임도 영화도 드라마도 잠시 재미있다가 금세 흥미를 잃었다. 그렇다고 기분이 처지거나 무기력감이나 불면 등의 우울 증상이 있는 것은 아니었다. 경준 씨는 그저 행복하지 않을 뿐이었다.

행복을 바라보는 두 가지 측면이 있다. 하나는 지금 느끼는 감정으로서의 행복이다. 노벨경제학상을 수상한 심리학자 대니얼 카너먼Daniel Kahneman은 행복을 현재 여기서 느끼는 긍정적인 감정으로 정의한다. 이와 같은 의미의 행복은 우리가 즐거운 일을 하거나 무언가에 몰입할 때 느껴지는 긍정의 감정을 말한다.

다음으로는 자기 삶에 대한 평가로서의 행복이다. 사회학자 뤼트 베인호번Ruut Veenhoven은 자신의 전반적인 삶에 대한 만족감으로 행복을 정의한다. 순간의 즐거움을 자주 느낀다고 해서 반드시 삶이 행복한 것은 아니다. 삶이 행복하다고 여기기 위해서는 즐거운 감정을 자주 느끼는 것 외에도 자신의 현재 상황이나, 지위, 관계, 건강 상태 등이 만족스러워야 한다.

하지만 순간순간의 즐거움을 많이 경험할수록 자신의 삶이 행복하다고 여길 가능성도 크기 때문에 행복에 대한 두 가지 측면을 완전히 별개라고 말할 수는 없다. 경준 씨의 경우는 두 가지 측면에서 모두 행복하지 않았다. 현재 느끼는 감정으로서의 행복감도 이전만큼 느낄 수 없었고, 자신의 삶이 행복하지 않다고 여겼다.

행복을 얻는 가장 간단하면서 효과적인 방법

×

우울하지 않거나 불안하지 않다고 해서 행복한 것은 아니다. 행복은 불편한 것이 없을 때 경험하는 감정이 아니라 무언가를 통해 즐거움과 몰입감, 만족감을 느낄 때 경험하는 것이기 때문이다. 행복을 느끼기 위해서는 우울과 불안을 줄이는 것 외에 다른 무언가가 필요하다. 경준 씨가 다시 행복을 느끼고 삶이 행복해지기 위해서는 어떻게 해야 할까? 다양한 방법이 있겠지만, 간단하면서 효과적인 것이 바로 '생각에서 벗어나기'다. 우울과 불안을 줄이는 데 효과적일 뿐 아니라 우리의 삶을 행복하게 만드는 좋은 방법이다.

생각에서 빠져나오는 것이 단지 머릿속을 가득 채우는 생각에서 벗어나는 것을 의미하지는 않는다. 우리의 주의를 다른 무언가로 옮기는 과정이 필요하다. 주의를 옮기는 것뿐 아니라 다시 생각이 주의를 끌어가지 않도록 그것에 주의를 유지하는 것 또한 필요하다. 그러므로 '생각에서 벗어나기'는 생각이 아닌 다른 무언가에 주의를 기울이는 것과 같은 행위다. 생각 외에 다른 무언가에 주의를 기울일 경우, 우리는 그 일에 온전히 몰입할 수 있다. 그리고 이 몰입이 우리를 행복하게 만든다. 과거에 행복했던 순간들을 회상해보면, 무언가에 완전히 몰입해 있는 순간들이 대부분이다. 사랑하는 사람과 소통하고 교감할 때, 목표를 성취하기 위해 마지막까지 집중할 때, 자녀가 걸음마를 하는 모습을 볼 때 우리는 그 순간 자체에 온전히 몰입한다. 이처럼 생각에서 빠져나오는 것을 반복하는 것은 무언가에 집중하고 몰입하는 것을 지속해서 연습하는 것과 같으며, 생각에서 쉽게 빠져나올수록 우리는 다른 무언가에 온전히 집중할 수 있다.

앞에서 소개한 하버드대학교 연구진이 수행한 연구를 다시 살펴보자. 연구진은 언제 사람이 행복감을 느끼는지를 조사하면서, 지금 해야 할 일에 집중하고 있을 때와 해야 할 일에 집중하지 못하고 다른 생각을 하고 있을 때 중 언제가 더 행복한지를 분석했다. 그 결과 연구 참여자들은 생각에 빠져 있을 때보다 자신에게 주어진 일에 집중하고 있을 때 행복감을 느꼈다.

일본의 홋카이도대학교 연구진은 성인 458명을 대상으로, 생각에 빠져드는 경향과 자신의 삶이 얼마나 행복한지를 평가하는 조사를 진행했다. 그 결과 생각에 빠지는 경향이 적을수록 자신의 삶이 행복하다고 느꼈다.[17] '생각에서 벗어나기'는 순간적으로 행복감을 높여줄 뿐 아니라 자신의 삶이 더 행복하다고 여기게 해준다.

생각에서 빠져나오는
효과적인 수단, 글쓰기

×

생각에서 벗어나는 다양한 방법 중 하나가 생각을 글로 표현하는 것이다. 막연하고 추상적인 생각을 언어로 바꾸고 문법에 맞게 정리하다 보면 머릿속의 생각에서 쉽게 빠져나올 수 있다. 병원에서 진료를 보다 보면 집에서도 그 고민이 이어질 때가 많다. 가슴이 답답하고 저녁에 잠을 이루기가 쉽지 않을 때 나는 글을 쓰기 시작했다. 내 머릿속을 차지하기 위해 분투하는 생각에서 벗어나기 위해서였다. 처음에는 생각에서 벗어나려고 글을 썼지만, 어느덧 글 쓰는 것 자체에 몰두하고 있는 나 자신을 발견했다. 그리고 오랜 시간을 글쓰기에 몰두하고 나니 힘들었던 상황과 감정은 어느덧 희미해지고 행복감이 느껴졌다. 힘든 상황에 삶이 휘둘리기보다 의미 있는 일에 집중한 스스로가 대견하고 뿌듯했다. 이처럼 생각에서 벗어나고자 하는 노력은 우리가 무언가에 더욱 몰두하게끔 하고 행복에 더 가까이 다가가게 한다.

순간에 몰입하기

×

생각에서 벗어나기 위한 노력은 우리를 현재의 일에 몰입하게 해준다. 심리학자 미하이 칙센트미하이Mihaly Csikszentmihalyi는 저서 《몰입》에서 즐거움을 경험하기 위해서는 몰입이 필요하다고 강조한다.

"경험이 내적으로 보상을 받을 때, 우리의 삶은 미래에 얻게 될 눈에 보이지 않는 보상에 저당 잡히는 대신 현재에서 의미를 갖게 된다."

생각에 빠지는 것은 우리가 지금 해야 할 일에 몰두하는 것을 방해한다. 반면, 생각에서 벗어나기 위해 노력하는 과정은 우리를 현재의 일에 집중하고 몰두하게 한다. 또한 생각에서 빠져나오는 것을 목표로 삼으면 단순한 일에서도 내적 동기가 생긴다. 아주 즐겁거나 큰 보상을 가져다주지 않더라도, 생각에 빠지지 않는 것만으로 의미 있는 행동이 된다. 무언가에 몰두하는 행위가 하나의 내적 동기가 되어 우리를 몰입하게 하고 이는 결과적으로 우리의 삶을 행복으로 이끈다.

생각에 빠지지 않는 것은 우리가 가진 심리적 자원을 아끼고 이를 필요한 곳에 사용하여 만족스러운 삶을 사는 데도 도움을 준다. 우리가 사용할 수 있는 에너지는 한정되어 있다. 물론 나이와 체력에 따라서 큰 차이가 있지만 대개는 비슷한 수준이다. 그 때문에, 에너지를 얼마나 효율적으로 쓰느냐에 따라 각자의 성취가 달라질 수 있다. 생각에 빠지는 경향이 있는 사람들은 많은 에너지를 불필요한 생각을 하는 데 사용한다. 물론 그중에는 삶에 도움이 되는 생각들도 있겠지만, 뚜렷한 목표 없이 떠도는 대부분의 생각은 생산적인 결과물을 만들어내지 않는다.

이렇게 소진된 에너지만큼 우리는 필요한 곳에 쓸 에너지가 부족해진다. 무엇을 하든지 좋은 성과로 이어지기가 힘들고 삶의 만족도를 떨어뜨린다. 반면에, 생각에 빠지지 않는 사람은 불필요한 에너지의 소진이 없어 온전히 해야 할 일에 에너지를 쏟을 수 있고 이는 결과적으로 만족감으로 이어진다.

튀르키예의 이스탄불빌기대학교 연구진은 사무직 직원 383명을 대상으로, 직업 만족도, 생각을 반복하는 경향, 주관적인 삶의 행복도를 평가했다. 그 결과 직업 만족도가 높은 사람일수록 생각을 반복하는 경향이 적었고, 결과적으로 더 행복감을 느꼈다.[18] 이처럼 '생각에서 벗어나기'는 우리의 에너지를 필요한 일에 쏟게 함으로써 우리의 삶을 행복에 더 다가가게 해준다.

※ **이것만은 꼭! 핵심 처방** ※

생각에서 벗어나 지금 해야 할 일에 몰입하는 것은 우리의 삶을 행복하게 만든다. 또한 생각에 빠지지 않는 것은 우리가 가진 심리적 자원을 아끼고 이를 필요한 곳에 사용하여 만족스러운 삶을 사는 데도 도움을 준다.

우리는 왜 부정적인 생각에 빠질까?
: 우울과 불안을 가져오는 생각들

매일 수만 가지의 생각이 우리 머릿속에 떠오르지만 대부분 일시적으로 우리의 의식을 붙잡았다가 금세 흩어진다. 그런데 우리 뇌는 부정적인 감정을 유발하는 생각의 경우, 이를 반복하는 경향이 있다. 이 장에서는 우리 머릿속에서 반복되어 우울과 불안을 가져오는 생각들을 살펴보고자 한다.

1

그런 일이 일어나면
어떡하지?

미래에 대한

걱정

수십 년간 대기업에서 근무했던 도영 씨는 최근 회사에서 퇴직했다. 퇴직하기 전만 해도 내가 하고 싶은 대로 자유롭게 시간을 보낼 수 있다는 기대에 부풀었다. 그런데 막상 너무 많은 시간이 주어지자 이를 즐겁고 의미 있게 보내기보다는 온갖 걱정이 들기 시작했다. 당장 수입이 없다 보니 경제적인 부분이 제일 걱정이었다. 퇴직금이 있으니 당분간은 괜찮겠지만, 100세 시대에 노후를 편안하게 보내기에는 모은 재산이 충분하지 않게 느껴졌다. 갑자기 많아진 시간도 문제였다. 회사에서 일하다 보면 어떻게 하루가 갔는지도 몰랐는데, 퇴직한 뒤로는 하루가 무척이나 길게 느껴졌다. 꼭 경제적 활동이 아니더라도, 시간을 보낼 거리가 필요했다. 여든 살이 넘은 부모님도 걱정이었다. 부모님 진료 때문에 꼬박 하루를 병원에서 지내다 보면 저절로 근심이 쌓여갔다. 자신도 나이가 들면서 병이 생기고, 건강을 잃게 될 수가 있는데 그때는 가족과 부모님을 누가 돌봐줄지도 걱정됐다. 이런저런 근심에 파묻혀서 지내다 보니 삶이 우울해지고 의미 없어졌다.

우리 뇌는 매일 수만 가지의 생각을 만들지만, 대부분 일시적으로 우리의 의식을 붙잡았다가 금세 흩어진다. 그런데 그중 몇몇 생각은 우리에게 감정을 불러일으킨다. 사랑하는 연인과의 만남을 생각하면 기대되고, 즐거운 감정이 함께 경험된다. 은행 대출을 어떻게 갚을지 생각하면 답답하고 불안한 감정이 올라온다. 이처럼 어떤 생각들은 감정과 함께 기억되어, 그 생각을 떠올리면 감정이 함께 떠오른다.

다양한 감정 중에서 부정적인 감정을 일으키는 생각들은 유난히 우리 머릿속에 자주 떠오른다. 오늘 하루를 돌이켜보면 좋은 일보다 나빴던 일이 더 강하게 기억되는 것도 뇌가 가진 특징 때문이다. 앞서도 언급했지만, 우리 뇌는 생존에 유리하도록 설계돼 있다. 부정적인 감정을 일으키는 생각을 더 자주, 더 쉽게 떠올림으로써, 생존의 위기에 처할 가능성을 낮추려는 것이다.

걱정은 문제를
해결해주지 않는다

×

불안은 대표적인 부정적인 감정
이다. 우리는 평소에 불안감을 유발하는 생각을 자주 한다. 그중
에 가장 큰 비중을 차지하는 것이 문제에 대한 걱정이다. 어렵고
복잡한 일, 내 힘으로 해결할 수 없는 일처럼 다양한 문제에 대한
걱정은 어떤 생각들보다 우리 머릿속에 자주 떠오른다. 실제로
많은 사람이 다양한 걱정을 하면서 살아간다.

문제에 대해 걱정하는 것이 무조건 단점은 아니다. 걱정은 문
제 해결 방법을 고민하게 하고, 실제로 행동으로 이어지게 한다.
건강에 대한 염려로, 우리는 주기적으로 운동 계획을 세우고, 식
단을 관리하며, 건강검진을 받는다. 불의의 사고가 생겼을 때를
대비하여 보험에 가입한다. 만약 문제에 대한 걱정이 없다면, 아
무 준비가 안 된 상태에서 문제를 마주하게 될지도 모른다. 이처
럼 걱정이 문제를 해결하기 위한 행동으로 이어지는 경우, 우리
는 문제에 효과적으로 대응할 수 있다.

하지만 걱정이 걱정으로만 그칠 때가 있다. 문제 상황에 대해
서 반복적으로 생각만 할 뿐, 해결 방법을 모색하거나 행동으로
옮기지 않는 것이다. 앞서 도영 씨도, 다양한 문제에 대해서 온

종일 걱정만 할 뿐, 문제 해결을 위한 어떤 행동도 하지 않았다. 이처럼 단순히 걱정에만 그치는 생각을 반복하게 되는 데는 '걱정하다 보면 문제가 해결될 수 있다'라는 메타인지적 신념이 작용한다. 우리가 문제에 대해 걱정에만 그치고 행동으로 옮기지 않는 이유에 대해서 M. 스콧 펙M. Scott Peck은 《아직도 가야 할 길》에서 다음과 같이 이야기한다.

"문제 해결에 있어 즉각적인 해결책을 찾느라 성급하게 아무 조치나 취하는 것보다 더 유치하고 파괴적인 결함이 있다. 그 결함은 더 보편적이고 어디서나 찾아볼 수 있다. 그것은 바로 문제가 저절로 사라지기를 바라는 마음이다."

아무 조치를 하지 않아도 문제가 저절로 사라질 거라는 믿음 때문에, 문제에 대한 걱정만을 반복한다는 것이다. 이 같은 메타인지적 신념이 있는 경우, 문제 해결보다는 문제에 대한 걱정에만 머물게 되고, 대책을 세우는 대신 걱정만을 반복하게 된다.

행동으로 이어지지 않는 걱정은 우리의 정신과 육체에 부정적인 영향을 미친다. 우리 뇌는 상상과 현실을 구분하지 못하기 때문에 머릿속 상황을 실제 경험하고 있는 것으로 착각하고, 다양한 스트레스 반응을 일으킨다. 감정을 일으키는 뇌의 부위인 편도체는 불안과 긴장감을 만들어내는데, 이는 각종 스트레스 호르몬을 분비하고 공격, 회피를 위한 신체 변화를 일으키는 교감신경이 항진되어 심박수와 호흡이 빨라진다. 이 때문에 우리 몸은 쉽게 긴장하고 작은 자극에도 예민하게 반응한다. 걱정이 반복되면, 오랫동안 긴장을 하게 되어 쉽게 피곤해지고 무기력해진다. 쉴 때도 편하게 쉬지 못하고, 잠도 잘 자지 못해서 피곤한 상태로 일상을 보내게 된다.

따라서 문제에 대한 걱정은 딱 필요한 만큼만 하는 것이 좋다. 내가 이 문제를 충분히 이해하고, 어떠한 선택을 할 수 있으며,

어떤 대안이 있을지 확인하는 정도로 충분하다. 이어지는 걱정은 우리 몸에 부정적인 영향만을 미칠 뿐이다.

그리고 걱정하기보다는 문제 해결을 위한 작은 행동부터 하나씩 시작하는 것이 중요하다. 행동은 반복하면 습관이 된다. 행동을 미루고 걱정만 하는 것이 반복되면 이것도 하나의 잘못된 습관이 될 수 있다. 문제에 대한 걱정이 떠오르는 순간, 생각에 빠지기보다는 해결할 수 있는 작은 일부터 행동으로 옮겨야 한다.

❋　　　　　　　　**이것만은 꼭! 핵심 처방**　　　　　　　❋

우리 뇌는 부정적인 감정을 유발하는 생각을 자주 하는 경향이 있다. 문제에 대한 걱정은 우리를 생각에 빠지게 만든다. 걱정을 반복하면 문제가 해결될 것이라고 믿는 메타인지적 신념이 작용하기 때문이다. 걱정은 장점도 있지만 문제 해결을 위한 행동으로 이어지지 않고 걱정에만 머무르는 경우도 많다. 문제에 대한 걱정을 반복하기보다는 문제 해결을 위한 행동을 시작하는 것이 필요하다.

2

왜 생각이 내 마음대로
되지 않을까?

생각을
통제하려는 생각

　　　　　　　　　　　　　　　　30대 여성 소연 씨는 언제부터
인가 자리 잡은 부정적인 생각으로 고통스러워하며 병원을 찾았
다. 소연 씨는 아이를 낳기 전까지는 회사 생활을 했다. 철저하
고 계획적인 성격이어서 무엇 하나도 허투루 하는 법이 없었고
집안일도 꼼꼼하게 했다. 아이를 가졌을 때는 시중에 나온 유명
한 육아 책은 다 가져다 읽었다. 아이가 태어난 후 육아 휴직을
했고 육아도 즐거웠다. 그런데 언제부터인지 부정적인 생각들이
머릿속을 꽉 채웠다. 아이가 혹시 아플까 봐 걱정되었고, 남편이
회사에서 무슨 문제가 있을까 봐 우려되었다. 일을 하지 않고 있

는 자신을 보면 쓸모없다는 생각도 들었다.

평소에 이런 걱정이나 자신이 부족하다는 생각을 한 적이 별로 없었기에 소연 씨는 이 생각들을 긍정적인 생각으로 바꿔야 한다고 생각했다. 아이와 남편에게 나쁜 일은 생기지 않을 것이라고, 나는 잘하고 있다고 마음속으로 되새겼다. 하지만 부정적인 생각이 한번 마음에 자리 잡자 쉬이 흩어지지 않았다. 잠시 긍정적인 생각이 들었다가도 얼마 지나지 않아서 부정적인 생각으로 머릿속이 가득 찼다. 소연 씨는 생각이 바뀌지 않아서 힘들어했고, 생각을 바꾸지 못하는 자신이 한심했다. 이런 생각을 하는 게 부끄러워서 주변에 이야기도 못 하고 끙끙 앓기만 했다.

위 사례처럼 자기 생각이 바뀌지 않는 것에 대해서 힘들어하거나 낙담하는 경우가 있다. 생각을 바꾸기 위해 여러 노력을 기울여보지만 한번 머릿속에 들어온 생각은 좀처럼 바뀌지 않는다. 바꾸려고 할수록 더 깊이 머릿속에 뿌리를 내린다. 이처럼 바뀌지 않는 생각은 바뀌지 않는다는 이유로 우리에게 부정적인 감정을 유발한다. 특히 삶에서 통제가 중요한 가치인 사람이라면 더욱 그러하다. A부터 Z까지 철저한 계획 속에서 사는 사람들에게는 모든 것이 통제의 대상이며 생각 또한 마찬가지다.

생각은 통제할 수 없다

×

통제되는 대상은 안정감을 주지
만 통제가 되지 않는 것은 불안감을 유발하기 때문에 어떻게든
통제할 방법을 찾게 된다. 그런데 생각을 통제하기란 쉽지 않다.
원치 않는 생각들이 반복해서 떠오르는 것은 물론이고, 통제하
려고 하면 할수록 더욱더 자기 손에서 벗어나게 된다. 결국 자기
생각조차 마음대로 되지 않는다는 무력감을 느낀다.

생각을 바꾸고 싶다고 생각하는 사람들의 마음속에는 모든 생
각은 중요하고 의미 있다는 잘못된 신념이 작용하고 있다. 생각
은 합리적인 생각과 비합리적인 생각들이 뒤죽박죽 섞여 있다.
중요하고 의미 있고 이성적인 생각들도 있지만, 아무 의미 없고
우리 삶에 도움이 되지 않는 생각들도 있다. 이러한 다양한 생각
에 가치 판단을 하는 것은 우리 자신이다.

뚜렷한 목적이 없을 때 머릿속에 떠오른 생각의 80% 이상은
아무런 의미가 없으며 얼마 지나지 않아 머릿속에서 자연스럽게
사라진다. 그런데 모든 생각이 중요하고 의미가 있다고 여기는
메타인지적 신념을 가진 사람의 경우, 모든 생각에 의미를 부여
하기 때문에 생각이 자연스럽게 흘러 사라지는 대신 우리의 의식
에 잡혀 머무르는 경우가 많다.

특히 부정적인 생각들의 경우 다양한 감정과 스트레스 반응을 유발하는데, 오랫동안 주의를 기울이거나, 강한 감정을 유발한 생각들은 뇌가 중요한 생각으로 판단해 더욱 반복해서 떠오르게 된다. 소연 씨의 경우도 처음에는 그저 흘려보내던 생각이 언제부터인가 의미 부여가 되고 소연 씨에게 중요한 생각으로 자리잡게 된 것이다.

다양한 생각이 벌이는
의자 뺏기 게임

×

40대 남성인 승호 씨는 어느 날부터인가 삶이 의미가 없다는 생각이 들었다. 원래 승호 씨는 열정적인 사람이었다. 항상 모든 일에 최선을 다했다. 성적이 우수해 좋은 대학에 진학했으며, 대학교에 가서도 학업에 매진해 학점도 높았다. 좋은 직장에 들어가서 누구보다 열심히 일했고, 빠른 기간 내에 승진했다. 그런데 그 모든 것이 승호 씨에게는 항상 버거웠다. 지금, 이 순간만 견뎌내면 좀 나아질까 생각했지만, 그 뒤에는 또 다른 과제와 과업들이 그를 기다리고 있었다. 늘 좋은 결과와 성과를 이뤄냈지만 승호 씨는 즐겁지 않았다. 오랜 고민 끝에 그가 찾아낸 답은 죽어야만 끝난다는 것이었다. 이 생각은 점점 심해져 구체적인 계획까지 세우게 되었고 이를 알게 된 가족들이 정신과 치료를 권유해 병원에 오게 되었다. 그는 우울증을 진단받고 약물 치료와 심리상담 치료를 받았다.

승호 씨는 치료를 통해 자기 생각이 과연 바뀔 수 있을지 의아해했다. 치료를 진행하면서 자살 생각은 많이 줄었다. 빈도도 줄고 생각이 들더라도 금세 전환되었다. 하지만 승호 씨는 아직도 생각이 바뀌지 않았다고 말했다. 지금은 잠시 좋아졌지만, 머릿속에 여전히 삶은 고통스럽고 죽음만이 이를 끝낼 수 있다는 생각이 있기에 언제 또 실행에 옮길지 모르겠다고 이야기했다. 승호 씨의 치료자는 어떻게든지 그의 생각을 바꾸고 싶었다. 하지만 아무리 이야기해도 승호 씨의 생각은 크게 달라지지 않았다. 치료자는 그런 승호 씨를 치료하는 걸 무척이나 힘들어했으며 자신이 부족한 것은 아닌지, 혹시라도 그가 자살 생각을 행동으로 옮기지는 않을지 내내 걱정했다.

승호 씨의 사례는 치료자가 환자의 생각을 바꾸려는 생각으로 가득 차 있는 경우다. 승호 씨의 증세는 성격과 태도 그리고 만성적인 우울증이 복합적으로 작용했을 것으로 추정된다. 자칫하면 자살로 이어질 수 있기에 치료자가 민감하게 반응할 수밖에 없었다. 문제는 치료자에게 승호 씨의 자살 사고를 뿌리째 뽑

아버리고 싶은 욕심이 있었다는 것이다. 그런데 이는 대부분 쉽지 않고 불가능에 가깝다. 치료자는 승호 씨가 뜻대로 변하지 않자 무력감과 좌절감을 느꼈다. 자살 사고의 빈도를 줄이고 충동적인 행동으로 이어지지 않도록 하는 것이 현실적인 치료의 목표였지만, 치료자는 승호 씨의 자살 생각을 완전히 없애거나 바꾸고 싶다는 생각을 반복했다. 이는 결과적으로 치료자에게 좌절감을 주었고, 치료에 집중하는 데 방해가 되었다.

위 사례의 이면에는 생각을 고칠 수 있다는 신념이 중요하게 작용한다. 생각은 조형물처럼 고치고 바꿀 수 있는 것이 아니다. 정신과 환자들이 가족이나 주위 사람에게 가장 많이 듣지만 전혀 도움이 되지 않는 조언 중 하나가 바로 이것이다.

"왜 그렇게 생각해. 생각을 바꿔봐."

혹시 누군가가 당신에게 고민을 이야기한다면 절대 이 말은 하지 마라. 힘겹게 당신에게 마음속 이야기를 털어놓았는데, 생각을 바꾸라는 말을 들으면 그러지 못하는 자신에게 오히려 수치심과 자괴감을 느낀다. 그 뒤로는 아무에게도 자신의 속마음을 털어놓지 말자고 다짐하게 된다.

생각이란 우리의 노력이나 의지로 바뀌는 것이기보다는 다양한 생각들이 서로 자신을 봐달라고 경쟁하는 모습에 가깝다. 다양한 생각 중에서 더 큰 감정을 유발하고 더 오래 우리의 의식을 부여잡은 생각이 점점 더 목소리가 커진다. 어떤 생각은 자연스럽게 흘려보내고 어떤 생각에는 주의를 기울일 수 있지만, 생각을 변화시키는 것은 불가능하다. 승호 씨의 경우, 죽음에 관한 생각 역시 나름의 배경이 있고 논리를 가지고 있기에 그 생각을 바꾸는 것은 불가능하다. 하지만 그 생각에 의미를 부여하는 것은 바로 자신이다. 그러므로 우리가 할 수 있는 것은 그 사람이 보다 긍정적인 생각에 주의를 기울일 수 있도록 격려하고 응원하는 것이다. 다른 사람의 생각을 바꾸려는 시도는 대부분 실패로 돌아갈뿐더러 오히려 상대방과의 관계를 악화시킬 뿐이다.

※　　　　　　　**이것만은 꼭! 핵심 처방**　　　　　　　※

생각을 고치려는 시도는 자신에게도 남에게도 크게 도움이 되지 않는다. 우리가 할 수 있는 것은 부정적인 생각을 흘려보내거나 그것에서 빠져나오기 위해 노력하는 것이다. 만약 부정적인 생각을 하는 사람을 돕고 싶다면 부정적인 생각이 들 수 있음을 먼저 인정해주는 게 중요하다. 그런 다음 긍정적인 생각들에 집중하기를 권유하고 응원하는 것이 최선이다.

3

내가 그때 왜 그랬을까?

수치스러운 일에
관한 생각

30대 준엽 씨는 작년에 있었던 일을 아직도 잊을 수가 없다. 회사 동료들과 함께한 회식 자리에서 술을 좋아하는 상사가 주는 술을 무리하게 받아 마시다가 인사불성이 되었다. 필름이 끊겨서 기억나지는 않지만, 다른 직원에게 듣기로 상사에게 화를 내고 사람들 앞에서 구토까지 했다고 한다. 한 번도 흐트러진 모습을 보여준 적이 없던 준엽 씨는 너무 부끄러웠다. 사람들을 마주칠 때마다 자신을 어떻게 생각할까 걱정이 되었고, 술자리에 없었던 직원들을 마주칠 때도 그 일을 들었을까 봐 신경 쓰였다. 그 일이 있기 전으로 돌아갈 수 있으면

소원이 없겠다는 생각을 수도 없이 했다. 다른 회사로 이직할까도 생각해봤다. 이 생각들은 끊임없이 반복되며 준엽 씨의 머리를 떠나지 않았다. 회사 동료를 만나거나 회의할 때마다 이 생각이 떠올라서 다른 사람의 눈을 마주치는 것도 힘들었고 항상 주눅이 들었다.

생존의 감각, 수치심

×

수치심은 사람이 공동체 생활을 하기에 느끼는 감정이다. 주로 자신의 행동에 대해 다른 구성원들이 부정적으로 생각하는 상황에서 느끼는데, 타인의 마음에 신경을 많이 쓰는 사람일수록 수치감을 느끼는 경우가 많다. 공동체가 효과적으로 기능하기 위해서는 구성원들이 질서와 체계에 따라서 움직여야 한다. 만약에 이를 지키지 않는 구성원이 있다면 공동체 생활이 어려워진다. 사람은 공동체 생활을 통해 생존을 유지할 수 있기에 누구나 무리에서 떨어지는 상황을 두려워한다. 이에 다른 사람이 자신을 어떻게 생각할지 늘 신경 쓰고, 다른 구성원들이 자신을 소외시킬 수도 있는 상황이 되면 수치스러움을 느낀다. 수치심은 강하고 부정적인 감정이기 때문에 이를 일으키는 생각이 한번 머릿속에 들어오면 쉽게 사라지지 않는다.

수치심은 죄책감과는 다른 감정이다. 수치심이 공동체의 규칙에 맞지 않는 행동을 하거나 공동체로부터 분리될 만한 행동을 할 때 경험하는 감정이라면, 죄책감은 자신이 가지고 있는 규범이나 가치관에 맞지 않는 행동을 할 때 경험하는 감정이다. 수치심은 자신의 결점이 다른 사람들에게 드러나는 상황에서 경험한다면, 죄책감은 스스로 자신을 부정적으로 평가할 때 경험한다. 준엽 씨의 경우, 술에 취해 한 행동들에 대해서 스스로 부정적으로 생각하기보다는 남들이 어떻게 바라볼지 걱정하고 반복적으로 생각하고 있다는 점에서 수치심에 해당한다.

수치심과 죄책감은 모두 우울증과 밀접한 관계가 있다. 뉴욕의 시러큐스대학교 연구진은 기존에 수행된 108개의 우울증 연구의 결과를 분석해 수치심, 죄책감, 우울증과의 관계를 확인했다. 그 결과 수치심이 죄책감보다 우울증과 밀접한 관련이 있었다.[19] 수치심을 일으키는 생각을 반복하는 것은 자신을 질책하는 것만큼 혹은 그 이상으로 정신건강에 해롭다.

물론 수치스러운 일을 돌이켜 생각하는 것엔 긍정적인 부분도 있다. 자신의 행동을 객관적으로 바라보게 되고 어떤 부분이 잘못되었는지, 어떤 식으로 바꾸어야 하는지를 고민하게 해준다. 이는 공동체 생활에 문제를 일으킬 수 있는 행동은 줄이고 적합한 행동을 늘리는 데 도움이 된다. 이와 관련된 연구 결과를 살펴보면, 일본의 나고야대학교 연구진은 일본과 미국의 직장인을 대상으로 수치심에 대해 위협을 느끼는 정도와 조직의 규칙을 얼마나 잘 따르는지를 조사했다. 그 결과 수치심을 더 큰 위협으로 느낄수록 조직의 규칙을 잘 따르는 경향을 보였다.[20] 수치스러웠던 일에 관한 생각은 부정적인 감정을 일으키지만, 한편으로 우리가 공동체 생활에 더욱더 적합한 방식으로 참여하도록 돕기도 한다.

준엽 씨의 경우에는 수치스러운 상황에 관한 생각이 지나치게 반복되어 사회생활을 하는 데 오히려 부정적인 영향을 주었다. 이처럼 수치심을 일으켰던 일들을 반복적으로 생각하는 것은 대인 관계에 지장을 주며, 심한 경우 사회적 상황을 두려워하고 회피해 일상생활의 어려움이 있는 사회불안장애를 유발하기도 한다.

수치심을 일으키는 신념

×

수치심을 일으키는 생각을 반복하는 이유에도 몇 가지 신념이 영향을 미친다.

첫째, 나에게 큰일이 남들에게도 큰일이라는 신념이다. 삶을 살다 보면 수없이 많은 일이 일어난다. 그중에서 기억에 남는 일은 아주 일부고 대부분은 기억 저편으로 사라진다. 나에게 큰 감정을 일으킨 일들은 특히 감정과 기억이 연결되어 기억에 오래 남는다. 그러므로 수치감을 일으킨 일들은 우리 머릿속에 오래오래 기억이 되고 필요하거나 유사한 상황이 되었을 때 다시 떠오르게 된다. 그런데 그와 같은 상황에서 수치심을 느낀 것은 자신이지 다른 사람이 아니다. 다른 사람들은 '저 사람이 갑자기 왜 저러지?' '오늘따라 왜 이상한 행동을 하지?' 정도의 생각을 할 뿐이다. 내가 수치감을 느낀다고 다른 사람들이 어떤 감정을 느끼는 것도 아니다. 그나마 가능성이 있다면 우스움 정도의 감정을 느낄 뿐이다. 대부분의 머릿속에는 내가 수치심을 느낀 일이 기억에 남지 않을 가능성이 크고, 기억에 남더라도 그다지 중요한 기억이 아닐 것이다. 나에게 수치스러웠던 일이 다른 사람에게는 그저 스쳐 지나가는 평범한 일상일 뿐이다.

둘째, 소문이 그 사람의 평판을 좌우한다는 신념이다. 수치스러운 일을 경험하고 나면 소문이 나서 사람들이 나를 이상하게 보지 않을까 하는 걱정이 생긴다. 준엽 씨도 회식 자리에 없었던 다른 동료들까지 알지 않을까를 걱정했다. 물론 사람들이 자신을 이상한 사람으로 볼까 봐 충분히 걱정할 수 있다. 그런데 사람들은 타인에게 들은 것보다 직접 보고 경험한 내용을 신뢰하고 어떤 판단을 내릴 때도 더 큰 비중을 둔다. 누군가에 대해서 안 좋은 소문을 들었더라도 실제로 만났을 때 괜찮은 사람이라고 판단하면, 대부분 소문보다는 자신의 판단을 신뢰한다. 오히려 소문에 대한 걱정으로 위축되거나 경직되는 모습을 보이는 것이 다른 사람이 나를 안 좋게 판단하는 근거가 될 수 있다.

　이런저런 걱정이 든다면 자신감 있는 태도로 다른 사람을 상대하는 것이 필요하다. 자신이 한 행동 때문에 평판을 걱정하기보다는 직접 만났을 때 좋은 인상을 주려고 노력하자.

※　　　　**이것만은 꼭! 핵심 처방**　　　　※

인간은 공동체 생활을 통해 생존을 유지할 수 있기에 무리에서 떨어지는 상황을 두려워한다. 타인이 자신을 어떻게 생각할지 늘 신경 쓰고 자신이 소외될 수 있는 상황이 되면 수치스러움을 느낀다. 하지만 대부분은 타인의 일에 무관심하고 깊게 생각하지 않기 때문에 안 좋은 평판을 걱정하기보다 좋은 인식을 심어주기 위해 노력하는 편이 낫다.

4

나는 왜 이렇게
게으를까?

노력에 대한

과신

대학생인 수영 씨는 고등학교 때, 어머니가 갑자기 암을 진단받고 얼마 지나지 않아 돌아가셨다. 처음에는 믿기지 않았고 나중에는 세상 모든 것을 잃은 것처럼 마음이 아팠다. 그 무엇도 텅 빈 마음을 채울 수 없을 것 같았다. 이후로 수영 씨는 무슨 일을 하든지 쉽게 피곤해지고 지치곤 했다. 공부를 하는 것도 사람을 만나는 것도 무기력해져서 할 수 없었다. 무언가를 열심히 하는 친구들을 보면 부럽기도 했지만, 수영 씨는 아침에 일어나는 것조차 힘겨웠고, 일어나도 정신을 차리는 데 시간이 오래 걸렸다. 그러다 보니 학교 숙제도 항상 미루기 일쑤였고, 마감일이 다 되어서야 겨우 과제를 제출하곤 했다.

나는 왜 이렇게 체력이 약할까, 왜 이렇게 게으를까. 수영 씨는 그런 생각을 자주 했다. 자신을 바꿔보려고 여러 계획도 세워봤지만, 대부분 실패로 돌아갔다. 최근에는 무기력이 훨씬 심해져 대체로 침대에 누워 지냈다. 창문을 여는, 별거 아닌 일도 무거운 바위를 드는 일처럼 힘겹게 느껴졌다. 수영 씨 머릿속에는 한 가지 질문으로 가득했다. '나는 왜 이걸 이겨내지 못할까?'

현진 씨는 부지런하고 성실했다. 어릴 때부터 부모님이 근면성실을 강조했던 탓이 컸다. 현진 씨는 영특했고, 부모의 기대에 부응해 공부도 제법 잘했다. 무엇보다 항상 최선을 다했다. 원하던 대학교에 진학한 후에는 공부뿐 아니라 동아리 활동도 열심히 했다. 무슨 일을 하든지 열심히 했기에 어느 곳에 있더라도 자신의 역할을 잘해냈다. 졸업 후엔 회사를 몇 년간 다니다가 개인 사업을 시작했다. 사업은 마음만큼 잘되지 않았다. 열심히 노력했지만, 성장이 더뎠다. 어느 순간 무기력감이 현진 씨에게 찾아왔다. 처음에는 할 일을 하루 이틀 미루는 수준이었다. 그런데 정도가 점점 심해져서 정상적으로 사업을 운영하는 데 지장이 있을 정도였다. 기존에 하던 일들을 유지하는 데에 급급했고, 새로운 아이템을 내놓거나 사업을 확장하는 것은 생각도 못 했다.

현진 씨는 그런 자기 모습을 보는 것이 고통스러웠다. 왜 자신이 이 정도 나락까지 떨어졌는지를 생각하며 자책했다. 내일부터는 힘을 내서 열심히 해야지 생각했지만, 또다시 아침이 오면 침대에서 몸을 일으키기가 어려웠다. 자신이 게으르다고 생각했고, 더는 쓸모가 없다는 생각도 들었다. 사는 것이 버겁고 힘겨웠으며 의미가 없게 느껴졌다.

자신의 무기력함을 게으름으로 생각하는 사람들이 많다. 수영 씨와 현진 씨는 무기력이 찾아온 원인은 달랐지만, 무기력한 자신에 대해 게으르다며 자책하는 경향을 보였다. 그런데 게으름과 무기력은 다르다. 게으름은 할 수 있음에도 수고나 고통을 견디기 싫어서 회피하는 성향을 말한다. 무기력은 말 그대로 기력이 떨어져서 무언가를 할 수 없는 상태다. 게으름은 마음먹기에 달렸으므로 의지나 노력으로 달라질 수 있다. 하지만 무기력은 하고 싶어도 할 수 없는 상태다. 마음을 고친다고 문제가 해결되진 않는다. 의지와 노력으로 나아지지 않는다는 것을 경험하면 자괴감이 들면서 더 큰 무력감에 빠지고 만다.

노력에 대한 과신이
우리를 병들게 한다

×

　　오래전부터 우리 사회에는 의지와 노력으로 안 되는 것이 없다는 신념이 존재해왔다. 아무리 열악한 환경이더라도 의지와 노력만 있다면 모든 문제와 역경을 해결할 수 있다는 신념이다. 위인전, 자서전, 대중매체는 이런 신념을 강화한다. 가난한 농부의 아들로 태어나 학교 교육도 거의 받지 않았지만, 독학으로 변호사가 된 링컨. 어렸을 적에 질병으로 청각과 시각을 잃고도 세계적인 유명 인사가 된 헬렌 켈러. 의지와 노력만 있다면 불가능은 없다는 식의 이야기를 접하면서 우

에이브러햄 링컨

노력한다고 다 되는 건 아닙니다.

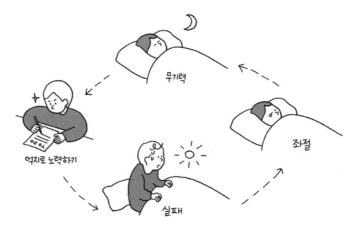

무기력의 악순환

리는 우리도 모르게 의지와 노력만 있으면 모든 문제가 해결될 수 있다는 신념을 가지게 되었다.

수영 씨의 경우가 이에 해당한다고 할 수 있다. 무기력을 극복하기 위해서 자신을 채찍질해보았지만, 무기력에서 벗어날 수 없었다. 무기력의 문제를 자신의 의지 문제로 치부하는 순간 빠져나올 수 없는 늪에 빠지게 된다. 기력이 없는 상태에서 더 힘을 쥐어짜는 것은 일시적으로는 효과가 있으나 금세 다시 무기력해지고, 자신의 노력에도 불구하고 다시 무기력한 상태가 되면 좌절감에 더 무기력해지는 악순환에 빠지는 것이다. 무기력을 의지와 노력만으로 해결하려는 것은 언 발에 오줌을 누는 것과 같이 상황을 더 나쁘게 만들 뿐이다.

현진 씨의 경우는 항상 근면하고 성실해야 한다는 신념이 무기력이 지속되고 심해지는 데 영향을 줬을 것이다. 사업하기 전까지만 해도 그와 같은 가치관에 부합하며 살아왔다. 하지만 사업이 마음처럼 되지 않으면서 무기력이 찾아왔고 변화된 자기 모습이 기존의 자기 모습과 상충했기 때문에 인지부조화를 일으켰을 것이다. '근면 성실해야 한다'는 신념의 이면에는 근면 성실하지 않으면 쓸모없고 잘못된 것이라는 생각이 숨어 있었을 것이다.

무기력은 위험을 알리는 신호

×

의아하게 들릴지도 모르겠지만 무기력감은 우리 자신을 보호하려는 뇌의 신호다. 수영 씨는 어머니와의 사별 이후 무기력이 찾아왔다. 실제로 많은 환자가 정신적으로 힘든 일을 겪거나 심한 스트레스 후에 무기력을 호소하는데, 이는 위험한 상황을 다시 겪지 않도록 우리를 보호하는 역할을 해준다. 무기력하면 일단 위험에 노출될 가능성이 줄어든다. 원시시대에는 동굴 밖을 나가는 게 어느 정도의 위험이 따르는 행동이었다. 그런데 무기력하면 안전한 장소에 머물기 때문에 위험에 노출될 확률이 크게 줄고 신체적, 정신적 에너지를 보존하는 데 큰 도움을 준다.

또한 무기력은 부정적인 감정을 경험할 가능성을 줄인다. 무언가에 도전할 때는 실패할 가능성이 있으며, 실패는 좌절감을 유발한다. 누군가에게 다가간다는 건 거절을 당해 소외감을 느낄 수 있다는 것이다. 무기력은 무언가에 도전하지도, 누군가에게 가까이 다가가지도 않게 하면서 좌절감과 소외감을 느낄 가능성을 줄어들게 한다. 이처럼 무기력은 우리를 안전하게 해주고, 에너지를 보존하며, 부정적인 감정에서 우리를 보호해준다.

하지만 무기력이 심하거나 지속되는 경우 일상생활에서 문제를 초래하게 된다. 수영 씨의 경우, 아주 간단한 활동조차 못하게 되었다. 현진 씨의 경우 자기 비하로 이어졌다. 자기 비하가 심해지면 자살 사고나 위험한 행동으로 이어지기도 한다. 그렇다면 어떻게 무기력감을 극복할 수 있을까?

먼저, 무기력한 나의 상태를 계속 생각하기보다는 행동을 통해 무기력을 극복해야 한다. 간단한 일이라도 행동으로 옮겨보는 것이 필요하다. 수영 씨의 사례처럼 우리 뇌는 큰 스트레스를 받으면, 생존 가능성을 높이기 위해 스스로를 무기력하게 만든다. 이때 '괜찮아. 이제는 위험한 것들이 사라졌어. 움직여도 돼'라고 생각하는 것은 큰 효과가 없다. 대신에 위험하지 않고 안전한 일부터 실행에 옮김으로써 지금은 상황이 안전해졌음을 우리 몸이 스스로 경험하게 하는 것이 필요하다. 아주 간단한 일이라도 실행에 옮기고 이를 안전하게 수행하는 것을 반복하면, 어느덧 우리 뇌는 더 이상 무기력할 필요가 없다고 판단해 무기력감을 줄이게 된다.

무기력한 상태인데 어떻게 행동으로 옮기냐고 생각할 수도 있다. 그런데 온전한 상태여야만 행동할 수 있는 것은 아니다. 처음에는 하기 힘들 것 같고, 하기 싫었더라도 막상 시작해보니 큰 문제 없이 해냈던 경험이 한 번쯤은 있을 것이다. 만약 한 번도 없다면 시도를 안 해봤기 때문이다.

나 역시 하루에도 몇 번씩 이런 경험을 한다. 몸이 좋지 않아 도저히 환자를 못 볼 것 같은 컨디션인데, 첫 번째 환자와 이야기를 나누다 보면 어느덧 컨디션이 나아져, 두 번째, 세 번째 환자는 훨씬 수월하게 볼 수 있다. 지치고 피곤해서 아무것도 못 할 것 같은 상황에서도, 일단 첫 문장을 쓰고 나면 그다음 문장을 쓰는 것이 훨씬 수월해진다. 이처럼 나의 상태가 어떤 행동을 하기에 적합하지 않다고 생각하더라도 일단 행동으로 옮기면 몸의 상태가 변해 무언가를 하는 것이 훨씬 수월해진다. 심리학에서 흔히 하는 말 중 하나가 '행복해서 웃는 것이 아니라, 웃으면 행복해진다'이다. 무기력도 마찬가지다. 기력이 생겨서 움직이는 것이 아니라 움직이기 때문에 기력이 생기는 것이다.

이것만은 꼭! 핵심 처방

무력감은 우리 자신을 보호하기 위한 뇌의 신호이며, 위험한 상황을 다시 겪지 않도록 보호하는 역할을 한다. 하지만 무기력이 심해지면 일상생활에 문제를 초래하게 되므로, 무기력한 상태를 그대로 방치하는 것은 좋지 않다. 그럴 때는 무기력한 자신을 탓하기보다는 일상의 아주 작은 일들을 처리해보자. 별거 아닌 일을 처리하고 반복해서 실천하다 보면 뇌가 안전하다고 판단해 무력감을 줄인다.

5

저 사람은
왜 나를 힘들게 할까?

타인에 관한

생각

　　　　　　　　　　　　30대 직장인 진호 씨는 화를 참
지 못하는 직장 상사 때문에 회사 생활이 힘들다. 직장 상사와는
대학교 선후배로 사적 관계는 이전부터 좋은 편이었다. 그런데
직장에서가 문제였다. 진호 씨의 결과물이 마음에 들지 않으면
상사는 불같이 화를 냈다. 진호 씨는 그럴 때마다 잔뜩 주눅이 들
수밖에 없었고, 상사에게 보고하러 갈 때마다 긴장이 되고 가슴
이 두근거렸다. 물론 상사가 진호 씨에게만 화를 내는 것은 아니
었다. 다른 직원들에게도 크게 화를 냈는데 진호 씨는 다른 직원
들이 혼나는 모습을 보는 것도 불편했다.

진호 씨는 어렸을 때부터 감정을 드러내지 않는 성격이었다. 화가 나는 일, 속상한 일이 있더라도 꾹 참고 좀처럼 겉으로 드러내지 않았다. 가족에게도 마찬가지였고, 직장에서도 누구에게 화를 내본 적이 없었다. 진호 씨는 상사의 행동이 이해되지 않았다. 진호 씨가 보기에는 화를 낼 일이 아니었고, 남에게 상처를 줄 일이 아니었지만 직장 상사는 너무 쉽게 화를 냈다. 상사가 화를 낼 때마다 자기 탓으로 돌려보기도 했다. 내가 잘못하고 부족해서 화를 내는 거라고 생각했다. 하지만 그럴수록 자신의 부족한 모습만 더 쉽게 보였고, 이 때문에 상사가 또 화를 내지는 않을까 하고 걱정되었다.

30대 워킹맘인 주아 씨는 남편이 이해되지 않았다. 둘 다 일을 하는데, 집안일과 육아는 항상 주아 씨의 몫이었다. 남편은 매일같이 술을 마시고 늦게 들어오기 일쑤였다. 일찍 집에 오는 날이나 주말에라도 아이를 봐주면 좋을 텐데, 아이는 엄마 껌딱지가 되어 떨어지지 않았다. 아이와 잘 놀아주는 아빠들도 많다던데, 원망스러웠다. 퇴근시간이 되면, 일을 마치고 쉬러 집에 가는 게 아니라 다른 직장에 또다시 출근하는 기분이 들었다. 갇혀 있는 느낌이 들고, 벗어날 수 없을 것만 같았다. 주말에도 혼자 아이를 보고 집안일을 하느라 쉴 틈이 없었다. 차라리 출근하는 평일이 좋았다. 남편에게 힘들다고 이야기하면, 남들도 다 이렇게 사는데 뭐가 힘드냐고 누구는 안 힘드냐고 말하며 전혀 공감해주지 않았다. 공감 능력이 떨어지는 남편을 볼 때면 사이코패스가 아닐까 하는 생각까지 들었다.

진료 중에 만나는 어려운 케이스 중 하나가 다른 사람으로 인해 힘들어하는 환자다. 제일 좋은 치료법은 상대가 바뀌는 것이지만 결코 쉽지 않은 일이다.

나는 타인을 통제할 수 없다

×

나를 힘들게 하는 상대를 자꾸만 생각하는 이유는 이 상황을 내가 통제할 수 없기 때문이다. 원치 않으면 끊어버릴 수 있는 가벼운 관계는 우리를 불편하게 만들지 않는다. 하지만 가족같이 가까운 상대와의 문제는 해결할 수도 없고 그렇다고 관계를 끊을 수도 없는 딜레마다. 이런 상황에서 우리는 통제감을 상실한다. 통제감을 상실하면 우리는 불안해지고 상대에 관한 생각을 반복하게 된다.

타인에 관한 생각에서 벗어나기 위해서는 상대방이 왜 그런 행동을 하는지 생각하기보다는 그 행동에 내가 어떻게 대응할지에 초점을 두어야 한다. 우리는 다른 사람의 말과 행동을 통제할 수 없다. 하지만 내 생각과 행동은 내가 결정할 수 있다. 관계 자체는 어떻게 하지 못하더라도 관계에서 내가 어떤 태도를 보일지는 정할 수 있는 것이다. 그러므로 상대방의 행동에 대해 생각하기보다는 상대방의 행동에 어떻게 대응할지를 고민해야 한다. 문제가 해결되기 위해서는 내가 어떻게 행동하는 것이 좋을지를 고민하고, 주변 사람들에게 물으며 해결 방법을 찾아야 한다. 진호 씨의 경우, 인사팀에 부서 이동을 요청하거나, 면담을 통해 해결 방법을 찾아야 한다. 주아 씨의 경우, 집안일과 육아 분담의 필요성을 남편에게 더 적극적으로 이야기하고 의논하여 일을 나눠야 한다. 상대방이 화를 내면서 의견이나 요청을 묵인한다면 다시는 그와 같은 행동을 하지 못하도록 강하게 나가야 한다. 물론 현실은 말처럼 쉽지 않다. 이런 행동을 하기 위해서는 단단한 결심과 각오, 그리고 용기가 필요하다.

**진짜 두려운 것은
상대방이 아니라 나의 감정**

×

상대방과의 대화가 두려운 것은 상대방과의 대화 중 불편한 감정을 경험하는 것이 두려워서다.

진호 씨는 직장 상사가 화내는 상황을 두려워했다. 그런데 진호 씨의 마음을 좀 더 살펴보면 실제로 진호 씨가 두려워한 것은 화를 내는 상사가 아니라 상사가 화를 냈을 때 느꼈던 자신의 감정이었다. 그 상황은 진호 씨에게 불안감, 불편감, 긴장감, 분노 등 다양한 부정적인 감정을 유발했다. 그리고 온전히 참고 인내하는 수밖에 없었던 상황이 무척이나 고통스러웠다.

주아 씨는 남편이 도움을 거절하고 공감해주지 않았을 때, 남편이 거절했다는 사실보다 그 순간 느낀 수치감, 소외감, 서운함이 더 고통스러웠다. 그러므로 나를 힘들게 하는 상대방과 대화하기 위해서는 부정적인 감정이 오더라도 견딜 수 있는 힘이 필요하다. 실제로 환자들을 치료하다 보면, 마음의 여유가 생기고 담담해지면서 상대방을 대하는 게 훨씬 수월해지고 하고 싶은 말도 편하게 하게 되었다는 말을 자주 듣는다. 이전 같으면 무서워서 피했을 일도 담대하게 마주하게 되었다고 이야기한다. 관계로 인해 힘들어하는 환자에게 치료자의 역할은 환자를 힘들게 하는 대상을 회피하지 않고 담담히 마주할 수 있도록 응원하고 격려하고 함께 있어주는 것이다.

하지만 끝내 상대방이 나를 인격적으로 존중하지 않는다면 그 관계는 거리를 두어야 한다. 상대방에게 특정 행동이 부정적인 감정을 유발한다는 것을 알리며 행동의 변화를 요청했는데도 같은 행동을 반복한다면, 이는 상대방이 나를 존중하지 않는 것이다. 나를 인격적으로 대하지 않는 사람과는 굳이 관계를 이어갈 필요가 없다. 그것이 나 자신을, 나의 삶을 소중히 여기는 행동이다. 내가 나의 삶을 소중히 여기지 않는다면 그 누구도 나의 삶을 소중히 여기지 않는다.

❋　　　**이것만은 꼭! 핵심 처방**　　　❋

살다 보면 나를 힘들게 하는 상대를 종종 만나게 된다. 이때는 상대방의 행동에 대해 생각하기보다는 내가 어떻게 대응할지를 고민해야 한다. 때로는 상대방과의 대화가 불편한 감정을 유발할까 봐 걱정되고 피하고 싶더라도, 용기를 내어 담대하게 마주해야 한다. 그리고 나를 인격적으로 대하지 않는 사람과의 관계는 뒤도 돌아보지 말고 정리하는 것이 하나뿐인 내 삶을 소중히 여기는 방법이다.

6

어떤 걸 골라야 할지 모르겠어

후회 없는 선택을 해야 한다는 생각

민석 씨는 오랫동안 함께한 여자 친구가 있다. 그런데 우연히 여자 친구가 다른 남성과 주고받은 메시지를 보게 되었다. 놀랍게도 여자 친구는 민석 씨를 만나면서 다른 남성을 만나고 있었다. 민석 씨는 해명을 요구했지만, 여자 친구는 오히려 화를 내면서 연락을 끊었다. 민석 씨는 너무 큰 배신감이 들었다. 그동안 여자 친구와의 관계를 소중히 여겨왔던 자신이 바보 같았다. 돌이켜보니 언젠가부터 여자 친구의 태도가 달라졌다는 생각이 들었다. 자신과 데이트를 하는 것도 달가워하지 않는 것처럼 보였고 전화 통화도 귀찮아했다. 민석 씨는 여자 친구와의 관계를 정리해야 할지 고민되었다. 남녀 관계에서 가장 중요한 신뢰가 깨졌다고 생각하니 관계를 지속하는 것이 의미 없게 느껴졌다. 그런데 며칠 전 다시 여자 친구에게 연락이 왔다. 여자 친구의 목소리를 들으니 좋아했던 기억이 다시 생각나고 감정이 살아났다. 결국 민석 씨는 여자 친구에게 앞으로 관계를 지속할지 고민하고 자신에게 알려달라고 이야기했다.

하정 씨는 회사를 계속 다닐지 그만둬야 할지 고민이다. 어릴 때부터 하정 씨는 우유부단한 성격이었다. 무언가를 선택해야 할 때, 잘못된 선택을 하지는 않을까 걱정되어 주저하곤 했다. 어떤 꿈이나 목표가 있어서가 아니라 남들이 하니까 공부하고 대학에 가고 회사에 취직했다. 그런데 회사 생활이 불편하고 적성에 맞지 않았다. 회사에 다니면서 다른 일을 준비해볼까 하고 생각도 했다. 하지만 일을 마치고 집에 돌아오면 늦은 저녁이 되어서 학원에 다닐 시간이 없었고, 주말에는 너무 피곤했다. 회사를 그만두고 모아둔 돈으로 다른 일을 준비해야 하나 고민하지 않은 것도 아니었다. 하지만 회사를 그만두면 다시 들어가고 싶어도 어렵지 않을까 혹은 나중에 후회하지는 않을까 하는 생각에 섣불리 그만두지 못했다. 그렇게 고민만 하다 어느덧 수개월이 지나갔다.

우리는 살아가면서 다양한 선택의 문제를 마주한다. 간단하고 사소한 일부터 앞으로의 삶에 큰 영향을 미치는 일까지, 인생은 선택의 연속이다. 지금 나의 선택에 어떤 결과가 따라올지 몰라 작은 선택 앞에서도 우리는 망설이고, 때로는 선택 자체를 미루기도 한다.

오래 생각할수록
나쁜 결정을 하는 이유

×

고민을 지속하는 데에는 깊이 더 많이 생각할수록 올바른 선택을 할 수 있을 것이라는 메타인지적 신념이 작용한다. 이런 신념은 빠른 결정이 나쁜 선택이 될 수도 있다는 걱정을 만든다. 그런데 의사 결정을 연구한 심리학 실험들은 고민하는 시간이 길다고 올바른 선택으로 이어지는 것은 아니라고 말한다.

네덜란드의 라드바우드대학 연구진은 축구 전문가와 비전문가를 대상으로 축구 시합의 승패를 예측하는 실험을 했다. 연구진은 연구 대상자들을 세 그룹으로 나누어, 첫 번째 그룹에는 어느 팀이 승리할지를 깊이 오랫동안 생각해보고 고르도록 했고, 두 번째 그룹은 무의식적으로 승리 팀을 고르도록 했다. 그리고 세 번째 그룹에는 짧은 시간을 주고 승리 팀을 선택하도록 했다.

흥미롭게도 전문가와 비전문가 모두 오랜 시간을 가지고 깊이 생각한 그룹의 예측 정확도가 가장 낮았다. 전문가의 경우엔 깊이 생각하기보다는 무의식적으로 고른 경우가, 비전문가의 경우엔 짧은 시간 동안 급하게 승리 팀을 선택했을 때의 예측 정확도가 높았다. 연구팀은 연구 결과를 다음과 같이 설명한다.

무의식적으로 선택하거나, 짧은 시간을 두고 선택하는 경우엔 중요한 정보만을 바탕으로 결정하지만, 오랜 시간 고민해 선택하는 경우엔 중요한 정보와 중요하지 않은 정보를 모두 고려하다 보니 오히려 잘못된 선택을 할 가능성이 커진다는 것이다.[21]

축구 경기의 승리 팀을 예측하는 것과 삶의 여러 선택 사이에

는 분명 차이가 있겠지만, 이 같은 연구 결과를 고려한다면 고민을 많이 할수록 올바른 선택을 할 가능성이 커진다는 신념은 잘못된 것이다. 그러므로 100% 확신이 들 때까지 다양한 요소들을 고려해 고민을 거듭하기보다, 적당한 시간 동안 중요한 요인들을 바탕으로 선택하는 것이 올바른 선택에 도움이 될 수 있다.

무작위로 선택해 빠르게 행동으로 옮기는 것이 오랫동안 고민해 선택하는 것보다 만족도가 높다는 연구 결과도 있다. 시카고대학 연구진은 동전 던지기가 선택에 도움이 되는지, 그리고 그 선택에 만족하는지를 연구했다. 연구진은 웹사이트를 만들어 참여자들에게 동전을 던지게 해서 무작위로 앞면과 뒷면이 나오도록 했다. 참여자들이 가장 많이 했던 고민은 "직장을 그만두어야 하는가?"였고, 다음으로 흔한 고민은 "관계를 끊어야 하는가?" "학교에 복학해야 하는가?" "내 사업을 시작해야 하는가?" 순이었다. 그리고 참여자들이 동전 던지기 결과를 따랐는지와 2개월과 6개월 뒤 각각 행복한지와 자신의 선택에 만족하는지를 평가했다.

흥미롭게도 동전 던지기 결과를 따라 행동으로 옮긴 사람들이 2개월과 6개월 뒤에 더 행복해했고 자신의 선택에 대해 만족해했다. 특히 동전 던지기의 결과를 즉시 행동으로 옮긴 참여자들의 행복감과 만족도가 높았다.[22] 이 같은 연구 결과는 중요한 선택을 할 때 합리적으로 의사 결정을 하는 것도 필요하지만 적절한 시기에 그 선택을 행동으로 옮기는 것 또한 행복하고 만족스러운 삶을 사는 데 중요하다는 것을 보여준다.

나 자신을 들여다보는 게 먼저

×

선택을 할 때 망설이는 이유는 원하는 것이 무엇인지 명확하지 않아서인 경우도 많다. 나는 무엇을 좋아하고 어떤 일을 할 때 행복하고 지금 나에게 중요한 것은 무엇인지를 아는 것은 결정을 내리는 데 있어 중요하다. 민석 씨의 경우 여자 친구와의 관계를 유지하고 싶은 마음이 큰지, 이를 정리하고 신뢰할 수 있는 다른 사람을 만나고 싶은지가 명확하지 않았다. 그래서 관계와 관련된 중요한 선택의 문제를 여자 친구에게 미루는 행동을 했다. 민석 씨가 자신이 무엇을 원하는지, 무엇이 자신을 행복하게 하는지를 명확하게 알고 있었다면, 타인에게 결정을 미루는 행동은 하지 않았을 것이다. 이는 결코 겸손함이나 남을 배려하는 행동이 아니다. 자신의 삶을 타인의 손에 맡기고 책임에서 회피하려는 행동이다.

어떤 문제가 선택하기 어렵게 느껴지고 고민을 해봐도 답이 잘 내려지지 않는다면, 문제로 향하던 질문을 나에게 던져보는 것이 도움이 될 수 있다. "그 사람과 계속 만나는 것이 좋을까, 헤어지는 것이 좋을까?"라는 질문을 "나는 그 사람과 관계를 유지하는 것과 이 관계를 정리하는 것 중에 무엇을 더 원하고 있을까?"라는 질문으로 바꿔보는 것이다.

때로는 서로 다른 욕구들이 갈등을 일으킬 때도 있는데, 그때는 어떤 욕구를 따르는 것이 진정으로 나를 위한 길일지를 생각해야 한다. 민석 씨의 경우, 관계를 지속하고 싶은 욕구와 자신에게 상처를 주는 관계를 정리하고 새로운 관계를 찾고 싶은 욕구 사이에서 어떤 욕구를 따르는 것이 자신에게 도움이 될지 고민해보는 것이 필요하다. 나에 대해서 그리고 내가 가진 욕구에 대해서 명확하게 알수록 선택의 문제는 간단하고 명확해진다.

후회에 대한 두려움

×

선택을 계속해서 미루는 데에는 잘못된 선택을 하지 않을까 혹은 나중에 후회하지 않을까 하는 생각에서 오는 불안감도 영향을 준다. 하정 씨의 경우 불안감 때문에 회사 일이 적성에 맞지 않는다고 판단했음에도 불구하고 회사를 그만두지 못하고 있다. 이와 같은 불안감은 선택에 정답이 있다는 신념이 영향을 준다. 선택의 갈림길에서 어느 하나만 정답이라고 생각하고 다른 선택은 오답으로 여기기 때문에 두려움이 생기는 것이다. 그런데 대다수 삶의 문제들은 정답과 오답이 존재하지 않는다. 오히려 어떤 선택을 했는지보다 선택 후에 어떻게 살아가는지가 중요하다. 회사를 그만둘지 말지보다 그만둔 뒤에 새로운 직장이나 사업을 알아보고 최선을 다하는 것이, 회사를 계속 다닌다면 어떤 태도와 마음가짐을 가지고 일을 할지가 중요하다. 그러므로 오답을 선택하는 것에 대한 두려움에 고민만 지속하는 것은 불필요한 곳에 시간과 에너지를 소진하는 행동이다.

우리가 한 선택들이 인생의 길을 만들어간다. 오랫동안 고민한다고 올바른 선택을 할 수 있는 것은 아니다. 때로 선택이 어려울 수 있지만 자신이 인생의 주인임을 기억하고 자신의 욕구에 솔직해진다면 우리는 여러 삶의 문제 앞에서 자신 있게 선택하고 행동할 수 있을 것이다.

※　　　　　**이것만은 꼭! 핵심 처방**　　　　　※

어느 정도의 고민은 필요하지만 고민이 과하면 불안과 우울로 이어질 수 있다. 또한 고민에만 머물다 보면 시간과 에너지를 걱정으로만 소진하게 된다. 그러므로 어느 정도의 고민은 필요하지만 고민을 바탕으로 선택하고 적절한 시점에 행동으로 옮기는 것이 중요하다.

7

아직도 뭔가 부족해

완벽에 관한

생각

　　　　　　　미술을 전공하는 대학생인 성아 씨는 완벽주의 성향이 있다. 무언가를 한번 마음먹으면 마음에 찰 때까지 해야 한다. 작업을 할 때는 어떤 연락도 받지 않았다. 며칠 동안 아무도 만나지 않고 오로지 작업에만 몰두하기도 했다. 작업이 끝나면 몸과 마음이 지쳐서 며칠을 침대에 누워 있어야만 했다. 이 같은 완벽주의 덕분에 성아 씨의 작품은 주변으로부터 좋은 평가를 받았다. 하지만 누가 안 좋게 평가하는 경우 성아 씨는 모든 것이 무너지는 느낌을 받았고 너무 화가 나서 참을 수가 없었다. 그럴 때마다 모든 사람이 인정하는 작품을 그리겠다고 마음먹었다. 완벽주의는 인간관계에도 영향을 주었다. 성아 씨는 사람들을 만나고 이야기하는 것이 시간 낭비로 느껴졌다. 남자 친구를 사귄 적도 있지만, 그림을 그릴 때 연락이 안 되어 다툼이 있었던 날, 남자 친구가 미술 작업을 하는 데 방해가 된다고 판단해 헤어졌다. 그렇게 미술에만 열중하던 성아 씨는 어느 날부터 아무것도 하고 싶지 않았다. 졸업 작품을 계획하고 준비해야 하는데, 머리로는 해야 한다는 것을 알면서도 몸을 움직일 수가 없었다. 한번 작업을 시작하면 또다시 크게 스트레스를 받을 것을 알기에 그것을 감당할 수 있을지 두렵고 걱정되었다.

30대 수연 씨는 강박증이 있다. 집을 나서기 전 물건의 위치를 확인하고, 문단속을 단단히 해야 마음이 놓였다. 늦게 일어나 이러한 과정을 대충 하고 급히 나온 날은 온종일 마음이 찝찝했다. 물건이 제자리에 있을지, 혹시 불이 나거나 도둑이 들지는 않을지 걱정했다. 수연 씨도 이런 생각이 합리적이지 않다는 것을 알고 있었다. 주위 사람에게 이야기하면 이상한 사람 취급을 받았다. 하지만 아침에 물건의 위치 확인과 문단속을 조금이라도 소홀히 하면 직장에서도 계속 생각이 나서 일에 집중이 안 됐다. 그럴 때면 좀 더 일찍 일어나서 제대로 확인하지 못한 자신이 원망스러웠다. 하루는 거듭 확인을 했는데도 불안해서 물건들과 방을 사진으로 찍어 출근길에 확인했다. 그러자 그 뒤로는 사진을 찍지 않으면 불안했다. 그 다음 날부터는 물건들의 위치를 확인하는 것은 물론이고, 물건들의 사진을 찍어야지만 마음을 놓았다. 수연 씨도 자신이 이해되지 않았다. 일상적인 물건들에 온종일 주의를 뺏기는 자신이 바보처럼 느껴졌다.

정답과 오답만 있는 세계

×

우리 사회는 정답을 맞히라고 강요한다. 초등학교에 들어가서 처음 보는 시험은 받아쓰기다. 선생님이 불러준 문장을 잘 받아썼는지를 채점해 점수를 매긴다. 받침이 하나라도 잘못되거나, 띄어쓰기를 잘못하면 점수가 깎인다. 그 뒤로도 시험과 채점은 반복된다. 정답과 오답만이 존재한다. 초등학교, 중학교, 고등학교를 거쳐 대학교까지 정답을 맞히는 교육과 훈련을 반복한다. 그 때문인지 우리는 우리도 모르게 모든 것에는 정답이 있다고 생각하게 된다. 인생에도 정답이 있고, 사랑에도 정답이 있고, 육아에도 정답이 있다고 생각한다. 정답이 아닌 답을 적는 순간 인생도 사랑도 육아도 실패하기 때문에 항상 불안하다.

성아 씨의 완벽주의도 비슷하다. 성아 씨는 자신의 작품이 정답이 되어야만 한다. 정답이 아닌 순간 그동안의 열정과 노력, 그리고 삶이 아무것도 아닌 물거품이 되기 때문이다. 그래서 모든 것을 바쳐 노력한다. 조금의 잘못도 허용하지 않는다. 작품이 비난을 받으면 자기 삶이 비난받는 것처럼 마음이 아프고 상대에게 분노가 치민다. 어떻게 정답을 맞힐 수 있을지, 자신이 하는 일이 정답인지를 끊임없이 생각하고 반복하게 된다.

정답과 오답, 성공과 실패, 칭찬과 비난 등은 모두 이분법적 사고에 기반한다. 어떤 대상을 바라볼 때 둘 중 하나로 나누는 것이다. 성아 씨는 자신이 그린 작품을 만족스러운 작품과 그렇지 않은 작품으로 구분하고, 작품이 만족스럽지 않으면 쉬지 않고 다시 그림을 그렸다.

수연 씨도 물건의 위치와 문단속을 정확하게 할 때와 그렇지 않은 때로 나누어서 스스로 정확하지 않다고 느끼면 불안해했다. 성아 씨와 수연 씨에게 완벽한 것과 완벽하지 않은 것 사이인 중간은 없다.

이 같은 이분법적 사고는 완벽에 대한 생각을 반복하게 만든다. 완벽하다고 여기는 상황에서는 만족감, 편안함, 안정감, 기쁨 등을 느끼지만, 불완전하다고 여기는 상황에서는 불안감, 불편감, 화 등을 경험한다. 많은 시간과 에너지를 사용했는데도 완벽에 이르지 못하는 경우도 많기에 완벽을 향한 생각에 지속적으로 몰두하게 된다.

그런데 세상에는 이분법으로 나눌 수 없는 것이 대부분이다. 정답과 오답이 없는 경우가 많다. 예술 작품의 경우 어떤 이에게는 아름다울 수 있으나 다른 이에게는 아름답지 않을 수 있다. 삶에도 정답이 정해져 있지 않으며, 각각 나름의 의미와 가치가 있다. 그렇지만 우리는 많은 것을 이분법으로 나누고, 완벽하지 않다는 생각으로 불행해한다.

한때 '이번 생은 망했어'라는 말이 유행한 적이 있다. 누군가는 웃으면서 농담으로 한 말일 수도 있지만 어떤 이에게는 이 말이 마음속에 소용돌이를 일으켰을 수도 있다. 삶이 자신의 계획대로 되지 않고 순탄치 않다는 이유로 삶을 망했다고 여기는 순간 우리는 무력감, 좌절감, 허무함 등 다양한 부정적인 감정을 경험하게 될 것이다.

있는 그대로 바라보기

×

이분법적인 사고에서 벗어나 무언가를 있는 그대로 보려고 노력할 때 우리는 비로소 완벽에 대한 생각에서 벗어날 수 있다. 삶 그리고 자기 성과물을 완벽한지 아닌지로 평가하기보다는 있는 그대로 받아들이는 것이다. 평가자의 자리에서 벗어나 관찰자의 입장으로 바라볼 때 우리는 무언가의 참가치를 알게 된다. 나의 삶을 있는 그대로 바라볼 때, 성공과 실패의 기준으로 삶을 평가할 때는 보이지 않던 가치 있는 것들이 보이게 된다. 실패한 것으로 보였던 한 사람의 삶 속에서 부족함을 이겨내려는 열정, 힘든 순간을 견뎌낸 끈기, 주변 사람들을 생각하는 따뜻한 마음, 부족함을 수용할 수 있는 용기 등의 아름다운 가치들을 보게 된다.

　진료실에 있다 보면 실패에 대한 두려움과 걱정에 관해 이야기를 들을 때가 많다. 공무원이나 자격증 시험에 도전하고 싶지만, 많은 시간과 노력을 들였는데도 합격하지 못할까 봐 두려워서 시도조차 못 하겠다는 것이다. 그런데 설령 합격하지 못한다고 해서 쓸모없는 시간일까? 그렇지 않다. 열심히 최선을 다했다면 결과가 좋지 않았더라도 많은 것을 얻을 수 있다. 내가 수험 공부가 적성이 맞는지 맞지 않는지 알게 될 것이고, 시행착오가 있더라도 자신을 다스리는 요령을 배우게 될 것이다. 설사 합격하지 못하더라도 이번 경험을 거울삼아 다음에 도전하면 합격 가능성이 높아질 것이다. 실패처럼 보이는 시간이 때로는 선물이 되기도 한다. 완벽과 성공의 기준으로는 보이지 않는 것들이 실제 우리 삶 속에는 가득하다. 이를 있는 그대로 보고자 노력한다면, 완벽을 향한 강박은 우리를 더 이상 옭아매지 않을 것이다.

※ **이것만은 꼭! 핵심 처방** ※

완벽이라는 허상은 우리를 생각의 늪에 빠지게 해서, 우리를 주저하게 만들고 낙담하게 한다. 이제는 그 허상에서 벗어나 세상과 나를 있는 그대로 바라보자.

3

부정적인 생각도 예방할 수 있다
: 생각의 늪에 빠지는 상황들

모든 질환은 치료보다 예방이 쉽다. 부정적인 생각에 빠지는 것도 마찬가지로, 어떤 상황에서 주로 생각에 빠지는지를 알고 있다면, 이를 쉽게 피할 수 있다. 이 장에서는 어떤 상황들이 우리를 생각에 빠트리는지를 살펴보고, 이 같은 상황에서 생각에 빠지지 않는 방법을 알아보고자 한다.

1

몸이 지칠 때 뇌는
바빠진다

신체 활동의
필요성

우리 몸의 상태는 생각과 감정에도 영향을 미친다. 활력이 있을 때는 긍정적이고 진취적인 생각이 들고 고양된 감정을 느끼는 반면, 기운이 없을 때는 소극적이고 수동적인 생각이 들고 우울한 감정을 경험하게 된다. 신체 질환이 있는 경우 정신 질환이 발생할 가능성이 크다. 심혈관 질환이나 암과 같은 질환을 진단받은 환자들에서 우울장애, 불안장애, 수면장애 등이 잘 발생한다. 그러므로 정신건강을 위해서는 몸의 건강을 잘 유지하는 것도 중요하다. 실제로 규칙적인 운동과 식습관, 수면 습관을 통해 몸의 건강 상태를 잘 유지하는 사람의 경우, 우울감과 불안감을 경험하는 빈도가 낮다.

피곤할 때는 몸의 움직임도 적고 위축된 자세로 생각하기에 소극적이고 부정적인 생각들이 더 많이 든다. 실제로 많은 환자가 피곤한 상황에서 부정적인 생각에 빠져드는 경험을 자주 이야기했다. 힘든 일과 후 만원 지하철을 타고 퇴근한 뒤에, 보고서를 쓰느라 밤을 지새운 뒤에, 온종일 아이를 돌보고 재운 뒤에, 우리는 여러 가지 부정적인 생각들이 머릿속에 떠오르는 걸 경험한다.

내 몸의 배터리 잔량 체크

×

몸이 쉬고 있을 때 뇌도 함께 쉴 거라고 생각하지만 실제로는 그렇지 않다. 1장에서 설명한 바와 같이 몸이 쉴 때, 오히려 그동안 활성화되지 않고 있던 뇌 부위들이 본격적으로 활동한다(33쪽 참고). 활성화된 디폴트 모드 네트워크는 자신과 타인의 과거와 미래에 대해서 생각한다. 좋은 영감과 교훈도 주지만, 지치고 피곤한 상태에서 드는 생각은 부정적인 경우가 대부분이다. 나는 왜 이렇게 부족한지, 내 삶은 왜 내 맘대로 되지 않는지, 그 사람은 무슨 의도로 그런 말과 행동을

한 것인지, 과거를 돌이켜보면 왜 이렇게 힘들기만 한지, 미래에
도 썩 좋은 일이 일어날 것 같지 않다는 생각이 머릿속을 가득 채
우게 된다. 그러므로 부정적인 생각에 빠지지 않기 위해서는 우
리 몸이 지치지 않도록 하는 것이 중요하다.

　그러려면 자신의 체력을 정확하게 파악하는 것이 필요하다.
몇 시간을 일할 수 있는지, 지인과의 만남은 몇 시간 정도가 무리
가 되지 않는지를 알고 있어야 한다. 그래야 과도한 업무나 너무
길게 누군가를 만나는 일을 막을 수 있다. 자주 피곤한 사람들의
경우는 자신의 체력을 정확하게 파악하지 못하거나 자신의 체력

이 좋다고 잘못 알고 있을 때가 많다.

자신의 체력이 어느 정도인지를 파악했다면 평상시에는 일부만 사용하면서 여유분을 남길 필요가 있다. 평상시 20~30%의 체력은 아껴두었다가 필요할 때 사용한다면 몸이 지치거나 피로해지는 상황을 피할 수 있다.

몸이 지치지 않도록 노력했는데도 피로하다면 아무것도 하지 않고 처져 있기보다는 간단한 무언가라도 하면서 휴식을 취하는 것이 좋다. 힘들더라도 가볍게 걷거나 단순한 취미 활동 등에 집중함으로써 부정적인 생각에 빠지는 것을 피할 수 있다.

체력을 기르는 것도 필요하다. 바쁜 일을 감당하기 위해서는 이를 받쳐줄 체력이 있어야 하고, 체력을 유지하는 데는 운동만큼 좋은 것이 없다. 쉽게 지치고 피곤하여 부정적인 생각에 빠지는 경우가 많다면, 운동을 통해 체력을 키우라고 꼭 권하고 싶다.

※ 　　　 이것만은 꼭! **핵심 처방** 　　　 ※

몸이 피곤하면 부정적인 생각에 빠지기 쉽기 때문에 평상시 자신의 체력과 에너지를 파악하고, 여분의 체력을 남겨둬야 한다. 에너지가 소진되었다고 느끼면 부정적인 생각에 빠지지 않도록 몸을 가볍게 움직여보자. 자주 피곤함을 느끼는 사람에게는 꾸준한 운동을 통해 체력을 키우는 것을 추천한다.

2

해야 하는데
몸이 움직여지지 않아

미루기에 대한
생각

          대학생 나은 씨는 미루는 습관이 있다. 리포트를 제출할 때도 바로 전날까지 미루다가 발등에 불이 떨어지면 그제야 리포트를 작성하기 시작했다. 시험공부도 마찬가지였다. 시험 보기 며칠 전이 되어서야 공부를 시작하니 성적도 좋지 않았다.

    나은 씨가 항상 무언가를 미뤄왔던 것은 아니다. 고등학교 때까지만 해도 누구보다 열심히 공부했고, 무언가를 시작하면 완벽하게 해내곤 했다. 대학생 때에도 학교생활에서는 미루는 모습을 보였지만, 집에서나 친구 관계에서는 해야 할 일을 미루는 모습을 보이지 않았다. 나은 씨의 미루기 습관은 정신 질환에 의한 것도 아니었다. 평소 크게 우울하거나 무기력하지 않았으며, 주의력 저하 증상도 없는 걸로 보아 우울증이나 ADHD 때문은 아니었다. 나은 씨는 대학교 공부에서만 해야 할 일을 미루는 모습을 보였다.

할 일을 미룰 때면 여러 가지 생각이 머릿속에 가득 찼다. '리포트를 언제 쓰지?' '시험공부 할 게 많은데…' 어차피 나중에 해야 할 일인데 하지 않는 자신을 보면 어리석고 한심하게 느껴졌다. 그러나 생각만 많을 뿐 실제 행동으로 옮기지는 않았다.

미루는 습관이 만드는 악순환

×

나은 씨처럼 해야 할 일을 미루는 모습을 우리는 우리 자신에게서 혹은 주변 사람들에게서 흔하게 볼 수 있다. 해야 할 일은 언젠가는 해야만 하는 상황이 오기 때문에 미룰수록 불안과 걱정이 커진다. 게다가 문제를 해결하는 데 쓸 수 있는 시간을 줄임으로써 문제를 더 심각하게 만들기도 한다. 공부를 미룰수록 시험공부를 할 수 있는 시간은 줄어들기 때문에 낮은 성적을 받을 확률이 커지고, 다른 사람과의 오해와 갈등을 해결하지 않고 놔두면 점점 관계가 나빠져 나중에는 회복하기가 어려워질 수도 있다.

나은 씨처럼 해야 할 일을 미루고 나면 우리는 자책감에 빠지게 된다. 누구나 자신의 과업을 제시간에 척척 해내기를 원한다. 특히, 통제의 욕구가 강한 사람일수록 자신마저 완벽하게 통제하기를 원한다. 하지만 무언가를 미루게 되면 자신이 꿈꾸던 자아상과 현실 모습 간의 차이로 인하여 불편을 느끼고 자책하는 생각으로 이어진다. 자책이 행동의 변화로 이어지면 다행이지만, 대부분의 자책은 우울감과 좌절감만을 유발한다.

또한 미루는 행동은 무언가에 집중하지 못하게 함으로써 우리를 생각에 빠지게 만든다. 미루는 행동이 목적이 있는 정신 활동을 멈추게 하여 뇌가 다양한 생각들을 떠올리는 모드(디폴트 모드 네트워크)로 들어가게 만드는 것이다. 생각하는 모드가 계속 이어지면 꼬리에 꼬리를 무는 생각을 하며 시간을 보내게 된다. 누구나 한 번쯤 아무것도 하지 않았는데 어느덧 시간이 훌쩍 지나가 있는 경험을 해보았을 것이다.

미루기는 자연스러운
마음의 욕구

×

왜 우리는 미루기가 좋지 않은 것을 알면서도 반복하는 것일까? 많은 사람이 미루기를 의지와 성격의 문제로 치부하며, "의지가 부족해서 자꾸 일을 미뤄요" "게으른 성격 때문이에요"라고 말한다. 그런데 임상 심리 전문가인 헤이든 핀치Hayden Finch 박사는 《게으른 완벽주의자를 위한 심리학》에서 미루기를 감정의 문제라 말하며, 다음과 같이 이야기한다.

"과업을 미뤄 불편한 감정을 피함으로써 얻는 안정감에는 중독성이 있기 때문에, 나중에 유사한 감정이 떠오르면 다시 미루게 될 확률이 높아진다."

실제로 우리는 해야 할 일을 마주했을 때 다양한 감정을 경험한다. 과업이 어렵거나 복잡한 경우에는 부담감을 느끼고, 할 일에 필요한 에너지에 비해 현재 에너지가 부족할 경우에는 무력감을 느낀다. 주어진 시간에 비해서 해야 할 일이 너무 많으면 압박감을 느끼고, 실수하면 큰 문제가 생길 수 있는 일에서는 불안감과 긴장감을 느낀다. 이런 부정적인 감정을 쉽게 해소하는 방법이 바로 미루기다. 미루기를 통해 부정적인 감정이 해소되는 경험을 한번 하게 되면, 해야 할 일이 주어질 때마다 미루게 되는 것이다.

미루기를 멈추는 방법

×

미루기를 멈추기 위해서는 먼저 내가 불편한 감정을 피하려고 해야 할 일을 미룬다는 사실을 인식해야 한다. 무력감, 부담감, 압박감, 불안감, 긴장감 등 어떤 부정적인 감정이 나를 미루게 만드는지 파악하고 나면, 더는 의지나 성격의 문제로 치부하지 않고 미루기를 해결할 수 있는 정답에 한 발짝 가까워진다.

미루기를 유발하는 불편한 감정을 인지했다면, 감정에 따라서 각각 다른 해결 방법을 모색할 수 있다. 부담감이나 무력감으로 인해 반복해서 미루는 경우는 과업의 목표를 낮추는 방법이 도움이 된다. 리포트를 완벽하게 완성하겠다는 목표를 가지고 있으면 리포트를 쓰는 것이 부담스럽게 느껴지고 이를 달성하지 못할 것 같다는 생각에 무기력해질 수 있다. 이때, 리포트 전체를 완성하는 것에서 한 줄을 쓰는 것으로 목표를 바꾸면 부담감과 무력감이 크게 줄어든다. 아무리 무기력해도 한 줄 정도는 쓸 수 있고, 한 줄 쓰기는 크게 부담스럽지도 않기 때문이다. 그리고 사람은 한번 시작한 행동을 반복하는 경향이 있기에 한 줄을 쓰게 되면 두 줄을 쓰게 되고 어느덧 한 문단을 쓰게 되고 그것이 반복되면 리포트를 완성할 수 있다.

불안감과 긴장감으로 인해서 해야 할 일을 미루게 된다면, 일을 시작하기 전에 불안과 긴장을 줄이는 활동을 하는 것이 도움이 된다. 심호흡과 복식호흡은 불안감과 긴장감을 줄이는 쉬운 방법이다. 그 외에 명상, 스트레칭, 이완 훈련 등도 익숙해지면 불안과 긴장을 줄이는 데 효과적이다.

미루기를 유발하는 감정에 따라 이를 줄일 수 있는 자기만의 방법을 찾아보자. 불편한 감정을 줄일 수 있는 대안이 생긴다면 미루는 행위가 점차 줄어들 것이다.

※　　　　　**이것만은 꼭! 핵심 처방**　　　　　※

미루기는 의지와 성격의 문제가 아니라 감정의 문제다. 부담감이나 무력감을 피하려고 미룬다면 목표를 작게 만들어보자. 불안감과 긴장감 때문이라면 몸과 마음을 편안하게 만든 후 일을 시작하는 것이 도움이 될 수 있다.

3

생각이 수면 위생을 나쁘게 한다

숙면을 위한 잠자리 루틴

우리는 하루 중 많은 시간을 잠을 자며 보낸다. 잠을 통해 우리는 피로를 회복하고 일상을 보낼 수 있는 에너지를 충전한다. 잠은 휴식뿐 아니라 학습과 기억에도 중요한 역할을 한다. 또한 깊은 잠을 자는 동안 뇌에 축적된 독성 물질이 빠져나가게 되어 뇌의 항상성 유지에 중요한 역할을 한다.[23] 실제로 불면은 알츠하이머병과 같은 퇴행성 뇌 질환의 위험을 높이는 것으로 알려져 있다.[24] 그런데 성인 다섯 명 중 한 명이 불면증을 경험하고 있으며, 건강한 사람도 스트레스를 받거나 힘든 일이 있으면 수면에 방해를 받는다.[25]

한번 불면증이 시작되면 어떤 노력을 해도 잠들기가 쉽지 않다. 아이러니하게도 자려고 노력할수록 잠은 더 오지 않는다. 자려고 노력하면 긴장이 되고 긴장감은 각성을 유발하여 잠을 깨운다. 노력을 해도 잠들기가 어렵다는 사실은 우리를 짜증 나게 하고 이와 같은 감정들 때문에 잠은 더 오지 않는다. 이런 일이 반복되다 보면 편안한 마음으로 잠자리에 드는 것이 아니라 마치 원형경기장에 전투를 치르기 위해 들어가는 검투사처럼 비장한 각오와 긴장감을 가지고 잠자리에 들게 된다.

잠을 잘 못 자면 다음 날 일상에 지장이 많다. 각성도가 떨어지기 때문에 계속 졸리고, 주의 집중이 잘되지 않아서 일의 효율이 떨어지고 실수도 자주 한다. 기분에도 영향을 주어서 감정 기복이 커지고 작은 일에도 쉽게 화가 난다. 정신장애가 있는 경우엔 증상을 악화시킨다. 우울장애, 불안장애 환자들은 우울감, 불안감이 커지고, ADHD 환자들은 주의력이 떨어진다. 그러므로 환자들은 규칙적인 수면 습관을 유지하는 것이 무척 중요하다. 불면만 호전되어도 다른 여러 증상이 함께 호전되는 것을 임상 현장에서 자주 경험했다.

수면을 방해하는
꼬리에 꼬리를 무는 생각

×

불면증의 원인은 다양하다. 먼저 잘못된 수면 습관을 꼽을 수 있다. 과량의 카페인 섭취, 잠들기 전 운동, 자극적인 영상 시청, 낮잠, 침대에서 수면 외 다른 행동, 잠에서 깼을 때 시간 확인 같은 행동이 수면의 질을 떨어뜨린다.

불안감과 긴장감도 불면증의 흔한 원인이다. 지속되는 스트레스나 다음 날 중요한 일을 앞두고 있어서 불안감이 높은 경우에도 쉽게 잠들기 어렵다. 불면이 지속되면 잠을 자는 행위 자체가 불안감과 긴장감을 유발하여 잠을 방해하기도 한다. 다음으로 우울증의 증상으로 불면이 오는 경우가 있다. 우울증이 생기면 각성과 수면 주기에 이상이 오게 된다. 활발하게 활동해야 하는 낮에는 졸리고 기운이 없고, 편안히 잠을 자야 하는 밤에는 각성이 되어 잠이 오지 않게 되는 것이다. 이와 같은 다양한 원인이 불면을 유발하는데 불면의 또 다른 원인이 하나 더 있다. 바로 생각을 반복하는 것이다.

이탈리아의 비타살루테산라파엘레대학교 연구진은 정상인과 불면증 환자를 대상으로 생각의 반복과 불면 사이의 관계를 연구했다. 수면의 질, 낮에 졸린 정도, 걱정과 생각의 반복, 우울과 불안 증상의 정도를 평가하고 수면다원검사를 통해 객관적으로 수면의 질과 양을 평가했다. 그 결과, 걱정이 많은 경우 잠이 든 후에 빨리 깨는 경향을 보였고 수면의 양은 적고 질은 떨어졌다.[26] 생각을 반복하는 경향이 강할수록 잠드는 데 시간이 오래 걸리고, 수면의 질이 좋지 않았다.

부정적인 생각이 머릿속에 자주 들면, 생각을 피하고자 잠들기 전까지 스마트폰이나 텔레비전을 보는 경우가 많은데, 자려고 불을 끄면 그동안 피했던 많은 생각이 갑자기 머릿속에 밀려온다. 생각은 꼬리를 물고 다른 생각으로 이어지는데, 부정적인 생각들인 경우가 많다. 이런 생각들이 불안감과 긴장감 같은 감정을 유발하고 각성을 일으켜서 잠드는 것을 어렵게 만들고 때로는 눈을 감은 채 몇 시간을 보내기도 한다. 이런 경험이 반복되면 잠을 자기 위해 불을 끄는 것 자체가 두려워지기도 한다. 어떤 사람은 스마트폰이나 텔레비전을 켜놓고 잠들 때까지 기다리기도 한다. 이 같은 행동은 일시적으로는 도움이 될 수도 있지만, 결과적으로는 수면 위생을 나쁘게 해서 불면증을 악화시킨다. 그러므로 잠들기 전 생각에서 벗어날 수 있는 상태가 되거나 생각에 빠지더라도 빠져나올 방법이 필요하다.

잠자리 루틴 만들기

×

자기 전에 드는 생각에서 벗어나기 위한 효과적인 방법은 잠들기 전에 하는 규칙적인 의식을 만드는 것이다. 자기 전에 스마트폰을 하거나 텔레비전을 보는 것도 하나의 의식이 될 수 있지 않느냐고 생각할 수 있는데, 잠들기 전 의식은 자극적이지 않고 잔잔하고 때로는 지루한 것이 좋다. 호흡 훈련, 스트레칭, 이완 요법, 명상, 기도, 독서, 잔잔한 음악 듣기, 반신욕, 차 마시기 등이 적절한데, 나에게 잘 맞는 의식을 찾고 지속하는 것이 좋다.

수면에 좋은 잠자리 루틴

이 같은 의식은 기분을 안정시키고 긴장된 근육을 이완시키며, 무엇보다 생각을 줄여주는 효과가 있다. 또한 의식을 진행한 후에 잠자는 것을 반복하면 의식을 행하는 것만으로도 잠이 올 수 있다. 처음에는 스마트폰이나 텔레비전에 비해 자극이 적어 계속 하다 보면 이런저런 생각이 떠오르기 마련이니, 의식적으로 생각에서 빠져나와 지금 하는 행동에 주의를 기울여줘야 한다.

10분 만에 잠드는 호흡 집중법

×

불을 끄고 눈을 감으면 떠오르는 생각에 주의가 갈 수밖에 없다. 이때 주의를 돌려서 집중할 무언가가 필요한데, 그것이 바로 자신의 호흡이다. 호흡에 집중하는 것이 수면에 가장 효과적이다. 공기가 코와 목을 통해서 폐까지 들어오고 다시 목과 코를 통해서 나가는 과정에 온전히 주의를 기울여보자. 무척이나 단순하고 지루하기에 몇 초도 되지 않아 머릿속에 딴생각이 떠오를 수 있다. 이때 생각이 꼬리를 물고 이어지지 않도록 다시 호흡에 집중해야 한다. 이 과정을 지겹더라도 계속 반복하는 것이 중요하다. 처음에는 신경을 많이 써야 하지만, 반복하다 보면 나중에는 자신도 모르게 무의식적으로 호흡에 집중하게 된다. 꼬리를 물고 이어지는 생각이 다양한 감정을 불러일으키며 수면을 방해했다면, 호흡은 지루해서 보통 10분 이내에 잠이 들게 된다. 불면증이 있는 분들에게 꼭 추천하는 방법인데 효과가 좋았다는 피드백이 많았다. 불면을 경험하거나 잠자리에서 생각이 많아지는 분들은 꼭 한번 해보는 것을 권한다.

❋ **이것만은 꼭! 핵심 처방** ❋

걱정이 많은 경우 수면의 양은 적고 질은 떨어진다. 자기 전에 생각이 많아진다면 자극이 적고 잔잔하고 지루한 자기만의 잠자리 루틴을 만들어보자. 또한 자신의 호흡에 온전히 집중하다 보면 쉽게 잠들 수 있어 불면에 효과가 있다.

4

참을 수가 없어

자극적인 것에 대한

추구

　　30대 가정주부인 지현 씨는 온종일 손에서 스마트폰을 놓지 않는다. 무슨 일을 하다가도 잠깐이라도 시간이 있으면 스마트폰으로 무언가를 본다. 스마트폰을 할 때는 무언가에 집중하고 몰두하는 느낌이다. 스마트폰 세상은 화려하고 재미나고 즐겁고 자극적이지만 실제 지현 씨가 살아가는 삶은 무료하고 따분하고 지루하기만 하다. 아이를 낳고 일을 그만두기 전만 해도 지현 씨는 자신의 삶이 만족스러웠다. 직장 일은 힘들었지만 적성에 맞고 동료들의 인정도 받았다. 책 읽는 것을 좋아했고 운동도 꾸준히 했다. 매일 조금씩 성장함을 느꼈다. 결혼해서 아이를 갖는 것도 지현 씨가 원하는 삶이었다. 반려자를 만나서 인생을 함께하는 것, 그리고 사랑스러운 자녀를 가지는 것은 지현 씨가 그리던 삶이었다. 그렇게 결혼하고 아이를 가지게 되었고, 육아에 전념하고 싶어 아쉽지만 다니던 직장은 그만두었다. 아이를 위해 시간과 에너지를 쓰는 것이 그만한 가치가 있다고 생각했다.

아이를 키우는 것은 긴장의 연속이었다. 그런데 아이 돌보는 일에 익숙해지면서, 어느 순간부터 아이를 돌보고 집안일을 하는 삶이 지루하게 느껴졌다. 매일 집 안에만 있고 아이를 데리고 집 근처를 산책하는 것이 전부다 보니 자신이 새장 안에 갇힌 새와 같다고 느껴졌다. 그나마 지루함에서 벗어나는 순간이 스마트폰을 할 때였다. 스마트폰을 할 때면 잠시나마 갇혀 있는 느낌에서 빠져나올 수 있었다. 그러다 보니 점점 스마트폰을 하는 시간이 늘어났다. 집안일을 할 때도 빨리 일을 마치고 스마트폰을 해야지 하는 생각이 들었다. 스마트폰을 하는 시간이 아깝고 시간 낭비라는 생각이 들 때도 있었다. 하지만 아이를 돌보고 집안일을 하는 사이사이에 무언가 다른 일을 한다는 건 쉽지 않았고, 스마트폰은 언제든지 할 수 있었다. 다시 책을 읽어볼까도 생각했지만, 글씨가 잘 들어오지 않았다. 결국 다시 스마트폰을 쥐게 되었다. 지현 씨는 육아와 집안일에 점점 소홀해졌다.

영호 씨는 어릴 적부터 성실해서 주변의 호감을 사는 사람이었다. 좋은 직장을 다녔고 결혼을 약속한 여자 친구도 있었다. 다른 사람이 보기에는 부족한 것 없는 남편감이었다. 그런데 그에게는 가족들만 아는 비밀이 있었다. 영호 씨는 사실 인터넷 도박 중독이었다. 처음에는 친구의 권유로 단순한 호기심에 시작했다. 자신이 도박 중독이 될 것이라고는 전혀 상상하지 못했다. 도박 중독은 자신을 절제하지 못하는 한심한 사람들이나 빠지는 것이라고 생각했다. 하지만 그만해야 한다는 것을 알면서도 멈출 수가 없었다. 늦은 저녁만 되면 도박이 하고 싶었다. 인터넷 도박은 너무나도 쉽게 할 수 있었다. 스마트폰 앱을 깔거나 특정 사이트에 들어가서 환전만 하면 할 수 있었다. 쉽게 접근할 수 있는 만큼 더 쉽게 빠져들었다. 영호 씨는 급기야 그동안 모아둔 돈을 인터넷 도박에 다 써버렸다. 여전히 직장에서는 성실하게 일했고 아무 문제가 없었지만, 월급이 들어오면 인터넷 도박에 다 쓰는 일상이 반복되었다. 여자 친구는 결혼을 미루는 영호 씨가 미덥지 않았지만 좀 더 안정될 때까지 기다리는 것이라고 생각했다.

많은 사람이 중독은 충동 조절의 문제가 있거나 자기 절제가 어려운 사람들에게만 일어난다고 생각한다. 하지만 실제로 중독은 우리 주위에서 흔하게 볼 수 있는 평범한 사람들에게도 일어난다. 과거에는 술, 도박, 마약, 약물 중독이 대부분이었다면, 최근에는 스마트폰을 통한 애플리케이션, 인터넷, 온라인 게임 중독 등이 점점 많아지고 있다. 중독을 일으키는 물질이나 행위는 강한 자극을 유발해서 중독자가 많은 시간과 에너지, 그리고 경제적 자원을 소진하게 만든다.

강한 자극일수록 몰두하기 쉽다

×

중독을 일으키는 물질이나 행위는 강한 자극을 통해 몰입을 유발한다. 강한 몰입감은 강한 자극을 다시 찾게 되는 이유가 되고, 무언가에 몰입했던 기억은 반복해서 떠올라 생각과 행동에 영향을 주게 된다. 그런데 우리 뇌는 자극에 적응한다. 처음에는 자극적이었던 것들도 나중에는 별다른 감흥을 주지 않는다. 그렇게 강한 자극을 통해 유발된 몰입은 점점 더 큰 자극을 필요로 한다.

게다가 자극적인 것들은 우리의 시간과 에너지를 소진시킨다. 더 큰 문제는 자극적인 것에 오래 노출될수록 잔잔한 것에 주의를 기울이기 어려워진다는 점이다. 강한 자극을 주는 감각에 익숙해져 있는 뇌는 단순하고 밋밋하고 지루한 것들에 집중하지 못한다.

　최근 들어 성인 ADHD에 대한 인식률이 높아지면서 자신이 성인 ADHD인 것 같다며 진료실을 방문하는 경우가 많아졌다. 실제로 이야기를 들어보면 주의력 결핍 증상을 가지고 있으며 일상생활에서 어려움을 보인다. 하지만 성인 ADHD를 진단하기 위해서는 증상 중 일부가 12세 이전에 나타나야 하는데, 어떤 사람들의 경우는 학창 시절에는 주의력 문제가 전혀 없었다고 한다. 고등학교 때까지만 해도 공부도 잘하고 책도 잘 읽고 산만하지 않았는데, 성인이 되어서 주의력이 크게 떨어지고 책도 읽을 수가 없다는 것이다. 좀 더 자세히 이야기를 들어보면 무언가에 중독된 경우가 대부분이다. 어릴 적에는 자극적인 것에 노출이 되지 않아서 주의력에 문제가 없었으나, 성인이 되어 자극적인 것에 반복 노출되면서 잔잔한 자극에 주의를 기울일 수 없게 되자 결과적으로 주의력 결핍 증상이 생기게 된 것이다. 주의력이 떨어지면서 이전에 잘 읽었던 책에도 집중이 되지 않고 일상적인 활동에도 지장이 생기게 된 것이다.

　한번 자극적인 것에 중독이 되면 자극적인 것을 계속 찾거나 접하고 싶은 생각이 머릿속에서 반복된다. 무언가를 하다가도 자극적인 것이 생각나고 또다시 이를 갈망하게 된다. 무언가에 중독되면 이로부터 빠져나오는 것이 쉽지 않다. 파블로프의 개가 종이 울리면 침을 흘리듯이, 특정 환경에 노출되면 자극적인 것이 자꾸 떠오르게 된다. 영호 씨가 늦은 밤에 혼자가 되면 인터넷 도박 생각이 반복해서 든 것처럼 말이다. 이런 생각이 한번 머릿속에 들면 생각하지 않으려고 하거나 행동으로 옮기는 것을 참으려고 할수록 더 생각이 난다. 이는 마치 '코끼리를 생각하지 말자'라고 생각하면 코끼리 생각을 더 많이 하게 되는 것과 같다.

뇌의 자극 줄이기

×

이전과 다르게 책이 잘 읽히지 않는다면, 차분한 음악을 듣는 것이 불편하다면, 지인과의 대화가 지루하게 느껴진다면 우리 뇌가 너무 큰 자극에 오랫동안 노출되었던 것은 아닌지 생각해봐야 한다. 뇌가 자극적인 것에 지속해서 노출된 상태에서는 잔잔한 자극에 주의를 기울이는 것이 어려워진다. 자극적인 것에 관한 생각에서 벗어나는 유일한 방법은 잔잔한 것에 주의를 기울이는 것을 반복해서 연습하는 것이다. 스마트폰 애플리케이션같이 자극적인 것에 노출되는 시간을 줄이고, 독서, 산책, 조용한 음악 등의 잔잔한 자극에 집중하는 시간을 늘리자. 처음엔 쉽지 않겠지만 꾸준히 노력하면 변화할 수 있다. 오늘부터라도 조금씩 실천으로 옮겨본다면 점차 주의력, 집중력, 기억력이 좋아지는 것을 직접 체험할 수 있을 것이다.

※ **이것만은 꼭! 핵심 처방** ※

성인이 되어서 주의력이 크게 떨어지고 책도 읽을 수가 없다면 무언가에 중독되지는 않았는지 확인해보자. 중독을 일으키는 물질이나 행위는 강한 자극을 통해 몰입을 유발한다. 자극적인 것에 반복 노출되면 잔잔한 자극에 주의를 기울일 수 없게 되고 결과적으로 주의력 결핍 증상이 생기게 된다. 스마트폰 애플리케이션 같이 자극적인 것에 노출되는 시간을 줄이고 다시 잔잔한 자극에 집중하는 연습이 필요하다.

✅ ADHD 체크리스트 (DSM-5)*

[부주의 증상]

☐ 세부적인 면에 대해 면밀한 주의를 기울이지 못하거나

　부주의한 실수를 한다.

☐ 지속적으로 주의 집중을 할 수 없다.

☐ 다른 사람의 말을 경청하지 않을 때가 있다.

☐ 지시를 완수하지 못하고 임무를 수행하지 못한다.

☐ 과제와 활동을 체계화하는 데 어려움이 있다.

☐ 지속적인 정신적 노력을 요구하는 과제에 참여하기를 기피한다.

☐ 물건들을 자주 잃어버린다.

☐ 쉽게 산만해진다.

☐ 약속과 같은 일상적인 활동을 잊어버린다.

▶ 17세 미만은 6개 이상, 17세 이상은 5개 이상의 증상이
　6개월 이상 지속되는 경우 부주의 증상이 있다고 판단한다.

[과잉행동-충동성 증상]

☐ 손발을 만지작거리며 가만두지 못하거나 의자에 앉아서도 몸을

　꿈틀거린다.

☐ 앉아 있도록 요구되는 상황에서 자리를 떠난다.

☐ 부적절한 행동을 하거나 지나치게 뛰어다니거나 기어오른다.

☐ 조용한 여가 활동을 못 한다.

☐ 끊임없이 활동한다.

☐ 지나치게 수다스럽게 말한다.

☐ 질문이 끝나기 전에 성급하게 대답한다.

☐ 자신의 차례를 기다리지 못한다.

☐ 다른 사람의 활동을 방해한다.

▶ 17세 미만은 6개 이상, 17세 이상은 5개 이상의 증상이
6개월 이상 지속되는 경우 과잉행동-충동성 증상이 있다고 판단한다.

[ADHD 증상]

☐ 부주의 또는 과잉행동-충동성 증상이 12세 이전에 나타난다.

☐ 부주의 또는 과잉행동-충동성 증상이 두 가지 또는 그 이상의 환경에서
존재한다.

☐ 증상이 사회적, 학업적 또는 직업적 기능의 질을 방해하거나 감소시킨다.

☐ 증상이 조현병 또는 기타 정신병적 장애의 경과 중에만 발생되지는
않으며, 다른 정신 질환(기분장애, 불안장애, 해리장애, 성격장애,
물질 중독 또는 금단 등)으로 더 잘 설명되지 않는다.

▶ 부주의 또는 과잉행동-충동성 증상이 있으면서
위의 기준을 모두 만족하는 경우, ADHD로 진단한다.

* **DSM-5**(Diagnostic and Statistical Manual of Mental Disorders, Fifth Edition)
미국정신의학협회에서 발행한 정신질환 진단 및 통계 매뉴얼.
임상 현장에서 각종 정신질환을 체계적으로 진단하는 데 활용된다.

5

혼자 있을 때 생각에 둘러싸인다

안전한 관계망의 중요성

진료를 보던 남성분 중에 아내와 함께 오랫동안 개인 사업을 하던 분이 있었다. 온종일 아내와 함께 일하고 쉴 때도 함께 쉬다 보니 자기만의 시간이 없다며 투덜대곤 했다. 그런데 어느 날 아내가 한 달 이상 다른 지역에 간 상태에서 진료를 보러 와서는, 막상 아내가 없으니 허전하고 어색해서 아무것도 못 하겠다고 하는 것이었다. 아내가 하루빨리 돌아오기만을 기다리는 그의 모습을 보니 나도 모르게 웃음이 지어졌다.

사람은 관계 속에서 사는 동물이다. 그러므로 관계 속에서 자라나고 관계 속에서 무엇보다 큰 행복과 고통을 경험한다. 관계를 어떻게 만들고 유지하느냐로 그 사람의 성품을 알 수 있다. 정신의학에서는 누군가를 알아가는 과정에서 그 사람이 다른 사람과 관계 맺는 방식을 이해하는 것을 중요하게 생각한다. 우울과 불안 등 많은 정신과 증상이 타인과의 관계에서 오는 문제에서 유발되기 때문이다. 다른 사람에게 사랑받거나 인정받지 못한다고 느낄 때 우리는 우울해진다. 사람들로부터 소외될 수 있다는 생각은 우리를 불안하게 한다.

예를 들어 친구와 다투었을 때는 관계에 관한 여러 생각이 머릿속을 가득 채운다. '내가 혹시 잘못했나?' '그때 내 행동이 기분 나빴나?' '무슨 의도로 나에게 그런 말을 한 거지?' '왜 내 의견을 존중하지 않지?' '화해할까 말까? 한다면 어떻게 하지?'

긍정적인 면도 있다. 상대방과의 관계를 유지하기 위해서 나의 행동을 돌이켜보고 상대방을 이해하는 데 한 발 더 다가갈 수 있다. 자라나는 아이들에게는 사회성을 발달시킬 기회가 된다. 하지만 이 같은 생각에 너무 빠지는 경우, 자책으로 이어지거나, 상대방을 이해하기보다는 오해하여 상대방에 대한 분노로 연결되기도 한다.

고립과 단절이 미치는 영향

×

　　　　　　　　　혼자 남겨지는 상황 또한 생각을 많아지게 하고 우울과 불안 등 부정적인 감정을 유발한다. 미국의 올드도미니언대학교 연구진은 코로나로 인해 거리 두기가 이어지던 2020년도에 대학생 199명을 대상으로 우울증에 영향을 미치는 인자들을 조사했다. 연구 대상자들은 평가 전 2주 동안 다섯 번 정도만 집 밖을 나갔으며 약 10명의 사람과만 전화 혹은 대면으로 교류할 정도로 사회적 관계가 위축되어 있었다. 연구 자료를 분석한 결과 외로움을 많이 느끼는 연구 대상자들은 부정적인 생각을 반복하는 경향을 보였다. 그리고 부정적인 생각의 반복은 우울감의 정도와 연관이 있었다. 사회적 고립과 외로움이 우울감을 유발하는 데 중요한 역할을 한다는 사실을 연구에서 알 수 있었다.[27] 이처럼 혼자 있는 상황은 우리를 쉽게 부정적인 생각에 빠지게 하고 심한 경우 우울감을 경험하게 한다.

　현대인들은 점점 혼자 있는 시간이 많아지고 있다. 혼자 사는 1인 가구는 2022년 기준 750만 가구로 전체 가구의 34.5%를 차지하고 있다. 가족과 함께 사는 경우에도 스마트폰의 보급과 생활양식의 변화로 혼자서 보내는 시간이 이전보다 많아졌다.

　혼자 있는 시간에 자꾸 생각에 빠진다면 최대한 혼자 있는 시간을 줄여야 한다. 가족과 지인과의 시간을 규칙적으로 가지고 적극적으로 소통하려는 노력이 필요하다. 누군가와 시간을 보내고 대화하는 데는 시간과 에너지가 들 수밖에 없다. 하지만 안정적인 관계는 우리의 기분을 편안하게 하며, 인지기능을 높이고 활력을 가져다준다. 직접 만나기가 어렵다면, 전화 통화나 SNS를 활용하는 것도 방법이다.

간접경험을 통해
타인에게 접속하기

×

혼자 있을 때 누군가를 만나는 방법 중 하나는 책이나 예술 작품을 접하는 것이다. 쌍방향의 소통은 아니지만 책이나 작품을 통해서 우리는 작가나 예술가가 전하고자 하는 말을 들을 수 있다. 우리는 그들과 교감하게 되고 누군가와 함께 있는 느낌을 받는다. 우리는 멀리 떨어져 있는 다른 나라 사람들을 만날 수도 있고, 시간을 뛰어넘어 오래전에 살았던 사람들의 이야기를 들을 수도 있다. 개인적으로는 정신과 의사인 M. 스콧 펙과 문학가인 C. S. 루이스C. S. Lewis의 글을 즐겨 읽는 편이다. 지금은 돌아가셔서 만날 수 없지만, 글을 읽을 때마다 그분들이 직접 내 앞에서 자신의 이야기를 들려주는 기분을 느낀다. 이런 경험은 혼자라는 외로움을 줄여줄 뿐만 아니라 다양한 사람들의 삶과 이야기를 통해 나의 식견을 넓히고 자신을 성장시키는 데 큰 도움이 된다.

✳   **이것만은 꼭! 핵심 처방**   ✳

사람은 관계 속에서 안정감을 느낀다. 관계에 문제가 생기거나 혼자 남겨졌을 때 우울과 불안 등 부정적인 감정을 경험한다. 따라서 혼자 고립되지 않도록 주변 관계망을 잘 만들고, 책이나 예술 작품 등을 통해 간접경험을 늘리는 걸 추천한다.

6

단순한 일을 하는 게
더 피곤하다

작업 기억과

생각

진료실에 있다 보면 직장을 그만둔 사람들의 고충을 자주 듣는다. 아이를 돌보고 집안일을 하는 것이 적성에 잘 맞는 사람도 있지만, 집에 있는 것이 더 힘들다고 토로하는 사람도 많다. 전업주부의 삶이 힘든 것엔 여러 이유가 있겠지만, 그중 하나는 집안일을 할 때 생각이 많아진다는 것이다.

직장이 집에서 멀어 출퇴근하기 위해 장시간 운전을 하는 분들도 비슷한 어려움을 호소한다. 출근할 때면 앞으로 보낼 하루가 걱정되고, 퇴근할 때면 직장에서 경험한 불편한 일들에 관한 생각이 머릿속에 가득 찬다. 생각에서 벗어나기 위해서 라디오에서 흘러나오는 뉴스나 음악에 집중하려 노력해보지만, 쉽지가 않다.

집안일을 할 때 혹은 장거리 출퇴근 운전을 할 때 생각이 많아지는 이유를 설명하기 위해서는 '작업 기억'에 대한 이해가 필요하다.

작업 기억과 생각의 관계

×

작업 기억은 어떤 정보나 생각들이 사라지지 않게 일시적으로 잡아두는 인지 시스템이다.[28] 전화번호를 듣고 이를 기억해 메모지에 적을 때, 우리는 잠시 번호를 기억하기 위해 작업 기억을 사용한다. 책을 읽을 때 앞의 내용을 기억하여 다음 문장의 의미를 유추해내는 것에도 작업 기억이 필요하다. 그런데 작업 기억은 용량이 제한되어 있다. 전화번호가 일곱 자리를 넘어가면 기억하기 힘든 이유는 작업 기억의 용량을 넘어서기 때문이다. 너무 복잡하고 기억할 내용이 많은 책은 쉽게 읽히지 않는데 이 또한 작업 기억의 용량 때문이다.

우리가 무언가를 할 때는 대부분의 작업 기억이 그 일을 하는

데 사용된다. 친구들과 대화하기 위해서는 조금 전까지 친구가 했던 말을 기억해야 한다. 그런데 집안일, 운전같이 수도 없이 반복하여 자동으로 하는 단순한 일들은 작업 기억을 크게 사용하지 않는다. 이때 작업 기억은 머릿속 특정 생각을 유지하는 데 사용된다. 한번 든 생각들은 머릿속에서 쉽게 사라지지 않고 작업 기억을 통해 오래 머무르기 때문에 우리의 주의를 끌고 더 쉽게 반복된다.

단순한 일을 하면서
생각에 빠지지 않는 방법

×

단순한 일을 할 때 드는 생각을 줄이기 위해서는 작업 기억의 여유를 줄이는 방법이 필요하다. 도움이 되는 방법은 다양하게 있지만, 먼저 혼자가 아니라 누군가와 함께 일해보는 것을 추천한다. 함께 일하면서 이런저런 이야기를 나누다 보면 생각에 빠지지 않고 일을 마칠 수가 있다. 함께할 수 있는 집안일은 미뤄두었다가 배우자와 같이 한다든지, 운전할 때는 카풀을 시도한다면 생각에 빠지는 것을 예방할 수 있을 것이다.

물론 단순한 일을 할 때 언제나 누군가와 함께할 수는 없다. 이럴 때는 관심 있는 강의나 평소 읽고 싶었던 책을 오디오북으로 듣는 것도 대안이 될 수 있다.

마지막으로 위의 방법들이 모두 어렵다면, 머릿속이 원치 않는 생각들로 가득 차기 전에 생각할 주제를 정해놓고 일을 하면서 이에 대해서 생각하는 것도 방법이 될 수 있다. 예를 들어, '오늘 내가 잘한 일에 대해서 생각해보기' 혹은 '다음 달에 있을 여행 계획을 세우기' 등 특정 주제를 정해보는 것이다. 중간에 원치 않는 부정적인 생각이 떠오를 수도 있지만, 생각하기로 한 주제를 다시 떠올림으로써 부정적인 생각에서 벗어날 수 있다.

※　　　　**이것만은 꼭! 핵심 처방**　　　　※

복잡한 일을 할 때보다 단순한 일을 할 때 생각이 많아지게 되는데, 이는 익숙한 일을 반복할 때 작업 기억의 사용량이 줄면서 작업 기억이 생각을 유지하는 데 사용되기 때문이다. 아주 단순한 일을 할 때는 자신의 관심사에 스스로를 적극적으로 노출시키거나 생각할 주제를 미리 정해두는 것도 좋은 방법이다.

4

생각은 단순하게, 행동은 빠르게
: 생각의 악순환에서 벗어나는
사고의 기술 10가지

생각의 늪에 빠지면 이에서 벗어날 수 있는 전략과 기술이 필요하다. 효과적인 생각의 기술은 생각의 악순환에 빠지는 것을 막아 우울과 불안으로부터 우리를 보호한다. 또한 현재 해야 할 일에 더욱 몰두하게 함으로써 우리를 행복에 다가가게 해준다. 이 장에서는 생각의 악순환에 빠지지 않고 효율적으로 사고할 수 있는 10가지 기술을 소개하고자 한다.

1 생각에 빠지는 순간을 알아차려라

내 생각을 점검하는
메타자각

생각에서 벗어나기 위해서는 생각에 빠지는 순간을 알아차리는 것이 중요하다. 진료실에서 환자에게 설명할 때, 생각에 빠지는 것을 늪에 빠지는 것으로 비유한다. 늪에 깊숙이 빠지면 빠져나오기 어려운 것처럼, 생각도 깊숙이 빠져들수록 빠져나오기 어렵다. 생각의 늪에 한쪽 발이 빠진 순간을 알아차리고 그 즉시 빠져나오는 것이 중요하다.

생각에 빠졌는지 아닌지를 판단하는 인지기능을 '메타자각meta-awareness'이라 한다. 메타자각은 '자신이 어떤 생각을 하는지를 아는 것'을 말하며, 메타의식meta-consciousness 또는 메타인지적 자각metacognitive awareness이라고도 불린다. 메타자각에 대한 최근 이론들은 메타자각을 '개인이 현재 자신이 생각하는 내용을 주기적으로 알아차리는 과정'이라 정의한다. "나는 지금 안 좋은 생각들이 계속 들어서 무언가에 집중할 수가 없어"라든가 "오늘 있었던 안 좋은 일이 계속 생각나서 벗어날 수가 없어"라는 말이 메타자각의 한 예다. 메타자각 능력은 사람마다, 상태에 따라 차이가 있다. 어떤 사람은 자신이 무슨 생각을 하는지 수시로 생각하지만, 어떤 사람은 자기 생각에 대해서 전혀 주의를 기울이지 않고 하루를 보낼 수도 있다. 또한, 술에 취하거나 중독 물질을 갈망할 때는 자신이 무슨 생각을 하는지에 주의를 덜 기울이게 된다.[29]

메타자각? 메타인지?

✕

메타자각은 '메타인지'라고 불리는 사고 과정과는 다르다. 메타인지는 우리가 특정한 방식으로 생각하는 경향이 있음을 알아차리는 것이다. "나는 항상 최악의 상황을 가정해"라든가 "나는 심사숙고해서 무언가를 결정하는 경향이 있어"라는 말이 메타인지의 예시다. 《주의력 연습》의 저자 아미시 자Amishi Jha는 메타인지는 메타자각과 똑같지 않으며 메타자각을 대신할 수도 없다고 이야기한다. 자신이 특정한 방식으로 생각하는 경향이 있다는 사실을 안다고 해서, 문제가 생길 때 바로 그걸 자각한다는 뜻은 아니기 때문이다.

메타자각을 통해 자신이 무슨 생각을 하는지 아는 것이 중요한 이유는 이를 통해 생각에 빠졌을 때와 아닐 때를 구분하고, 생각에 빠지는 순간 이에서 벗어나는 조치를 할 수 있기 때문이다. 예를 들어, 책을 읽을 때 주기적으로 자신이 무슨 생각을 하는지 확인하면, 독서에 집중하고 있는지 아니면 다른 생각에 빠져 있는지를 구분할 수 있다. 자신이 어떤 생각을 하는지 확인하는 것은 생각에 빠져드는 순간을 의식하게 만들며, 생각에 빠져 있는지 아닌지를 파악하는 데 기본이 된다.

메타자각을 통해서 생각에 빠지는 순간을 알고 생각에 빠져 있는지 아닌지를 판단할 수 있게 되면, 생각에 빠지지 않고 해야 할 일들에 좀 더 주의를 기울일 수 있다. 자주 생각에 빠져 있음에도 불구하고 자신이 생각에 빠져 있다는 것을 인지하지 못했던 사람도 메타자각을 통해 자신이 쉽게 생각에 빠지는 경향이 있음을 알게 된다. 어떤 상황에서 생각에 빠지게 되는지, 어떤 생각이 자신을 생각에 빠트리는지를 파악하게 된다.

또한 생각에 주의를 기울이는 것은 생각에 빠지는 습관을 개선하고자 하는 다양한 노력이 효과가 있는지를 판단하는 데도 중요하다. 생각에서 벗어나는 방식은 다양하고 사람마다 효과적인 방법에도 차이가 있다. 따라서 어떤 방법이 나에게 맞는지, 효과적인지를 파악하는 것이 필요하며, 이때도 역시 메타자각이 필요하다. 어떤 사람에게는 A 방법이 효과적이었다면, 다른 사람에게는 B 방법이 효과적일 수 있다. 남들이 좋다고 하는 방법을 무조건 따르는 것은 때로 비효율적이고 시간 낭비일 수 있다.

메타자각이 전문적이고 어려운 기술로 느껴질 수 있지만, 어렵지 않고 간단하게 할 수 있다. 누구든지 단 하나의 질문을 자신에게 하면 된다. 바로 '내가 지금 무슨 생각을 하고 있지?'라는 질문이다. 이 질문을 떠올린 순간 우리는 메타자각 능력을 활용하여, 지금 어떤 생각을 하고 있는지, 생각에 빠져 있는지 아닌지를 알 수 있다. 수시로 이 질문을 하고 답할 수 있다면, 누구든지 언제 어디서나 메타자각을 이용하여 자신이 무슨 생각을 하는지를 알 수 있다.

마지막으로, 생각을 의식하는 것은 생각에 빠지는 순간을 알아채고 빠져나오는 법을 배우는 데 필요한 방법이면서 동시에 그 자체만으로도 생각에서 빠져나오는 효과적인 방법이기도 하다. 우리 뇌는 생각에 빠져 있을 때, 동시에 내가 무슨 생각을 하고 있는지를 확인하는 것이 불가능하다. 생각에 빠져 있는 상태에서 내가 무슨 생각을 하고 있는지 점검하는 것은 늪에 빠져 있는 상태에서 내 몸에 뭐가 묻었는지를 확인하는 것과 같다. 늪 속 깊이 빠져 있는 상태에서는 내 몸이 보이지 않기 때문에 몸이 어떤 상태고 뭐가 묻었는지 확인할 수가 없다. 늪에서 빠져나와야만 옷에 무엇이 묻었는지를 확인할 수 있다.

내가 무슨 생각을 하는지 알기 위해서는 잠시라도 생각에서 빠져나와야 한다. 생각에 빠진 상태에서는 무슨 생각을 하는지 알 수가 없다. 이는 우리 뇌의 한정된 작업 기억 용량과도 연관이 있다(148쪽 참고). 작업 기억의 총량은 무한하지 않고 제한되어 있기에, 여러 개의 인지 작업을 하는 경우 어느 곳에 작업 기억을 사용할지 선택해야 한다. 우리가 메타자각을 시작하면, 작업 기억을 주로 메타자각에 사용한다. 남은 작업 기억 용량만으로는 생각을 반복할 수 없기에 우리는 생각을 멈추게 된다. 그러므로 내가 무슨 생각을 하고 있는지를 생각해보는 것은 그 자체로 생각에서 빠져나올 수 있는 효과적인 방법이다.

나는 메타자각을 생각에 빠지기 쉬운 순간들에 자주 활용한다. 몸이 피곤하거나 샤워를 할 때 내가 어떤 곳에 주의를 기울이고 있는지, 생각에 빠져 있지는 않은지를 모니터링한다. 이는 그어떤 방법보다 생각에서 벗어나는 데 효과적이다.

여러분도 시간이 될 때마다 자신이 무슨 생각을 하고 있는지를 점검해보자. 메타자각이 익숙하지 않다면, 자신에게 질문을 하는 방식을 사용해도 좋다. 메타자각을 반복하다 보면 점차 생각에 빠져 있는 순간과 해야 할 일에 몰두하는 순간을 구분할 수 있게 된다. 그리고 자신이 어떤 때 주로 생각의 늪에 빠지는지도 인식하게 될 것이다.

※　　　　　　　　　　**이것만은 꼭! 핵심 처방**　　　　　　　　　　※

생각이 많거나 생각에 자주 빠지는 분들이라면 메타자각을 활용해 수시로 자신이 무슨 생각을 하고 있는지를 확인해보자. 자신이 무슨 생각을 하는지 살펴봄으로써, 불필요한 생각이나 부정적인 생각들에서 빠져나오는 방법을 모색할 수 있다. 또한 자신이 무슨 생각을 하는지를 자주 생각하는 것만으로도 생각을 반복하는 경우가 눈에 띄게 줄어든다.

2

생각이 많을 때는 몸을 움직여라

움직임을 계획하는
뇌로 전환하기

가만히 있을 때는 생각이 많아지고, 몸을 움직일 때는 생각이 줄어든다. 몸에 기력이 없을 때, 무언가를 하기 힘들 때, 몸의 움직임이 없어도 우리의 뇌는 여전히 일을 한다. 이 때문에 가만히 있으면 오히려 생각이 많아지고, 쉽게 생각에 빠지게 된다. 우리가 아무것도 하지 않고 있을 때 더욱 활성화되는 디폴트 모드 네트워크는 생각의 반추와 연관이 깊은 것으로 밝혀졌다.[30] 우리가 아무것도 하지 않고 있을 때, 생각에 빠지게 만드는 뇌 부위가 더욱 활성화되는 것이다(33쪽 참조).

반대로 우리가 몸을 움직이면 생각은 줄어든다. 이런저런 생각에 빠져 있다가도 팔다리를 움직이면 우리의 주의는 몸을 어떻게 움직여야 하는지에 대한 고민으로 옮겨가고, 자연스럽게 생각에서 빠져나오게 된다. 우리의 뇌는 효율을 중시하는 기관이다. 따라서 현재 상황에서 가장 필요한 신경세포 그룹들이 활성화되고 불필요한 신경세포들은 억제된다. 몸을 움직일 때 뇌는 움직이는 데 필요한 신경세포를 활성화하면서 동시에 불필요한 신경세포의 활성화를 억제한다. 몸을 움직일 때는 일차운동피질, 전운동피질, 보조운동영역, 후두정엽피질 등이 연합해 몸을 어떻게 움직일지를 계획하고 실행한다. 이와 같은 뇌 영역들이 활성화되면서 생각에 빠져들게 만드는 디폴트 모드 네트워크 등의 뇌 영역은 자연스럽게 억제되고 반복되는 생각들은 멈춘다. 단순히 몸을 움직이는 것만으로도 우리는 생각에서 빠져나올 수 있다.

몸을 움직이는 것이 특효약

×

레지던트 시절, 심한 강박증으로 입원 치료까지 받게 된 젊은 남성분이 있었다. 환자는 생각하고 싶지 않은 것들이 머릿속에 반복해서 떠올랐고, 불안해하고 고통스러워했다. 쓸 수 있는 모든 약물을 사용했지만, 강박 증상은 좀처럼 나아지지 않았다. 21세기의 의학 지식과 기술이 이 환자에게는 큰 도움이 되지 않았다. 그때 담당 교수님이 환자에게 남는 시간에 운동을 하면서 보내라고 권고했고, 그 이후로 환자는 대부분의 시간을 병동에 있는 러닝머신 위에서 보냈다. 당시에는 저 방법이 과연 도움이 될까 의아했었다. 그런데 놀랍게도 환자의 증상은 점차 나아졌고 얼마 지나지 않아 퇴원할 수 있을 정도로 호전되었다. 약물 치료로도 좋아지지 않던 환자의 증상이 걷고, 달리고, 몸을 사용하자 좋아진 것이다. 그때의 놀라움 때문인지 아직도 그 환자가 러닝머신 위를 달리던 모습이 머릿속에 생생하다. 운동 치료가 약물 치료보다 월등하다는 의미는 아니다. 적어도 그 환자에게는 약물 치료보다 몸을 움직이는 것이, 반복되는 강박 사고에서 빠져나오는 데 효과적이었다.

스위스의 바젤대학교에서는 실제로 병원에 입원해 있는 환자 129명을 대상으로 40~60분간 운동을 하게 한 뒤, 운동 전후로 생각을 반복하는 정도를 자가 보고 검사로 확인했다. 그 결과 운동은 생각의 반복을 줄였으며, 운동을 단 한 번만 했을 때보다 다음에 또다시 운동했을 때 생각의 반복이 더욱 줄었다. 바젤대학교 연구자들은 운동이 생각을 줄이는 기전(메커니즘)에 대해서, 작업 기억과 연관이 있다고 설명한다. 운동이 작업 기억을 요구하기 때문에, 운동을 하는 과정에서는 생각을 반복하는 데 사용할 작업 기억의 용량이 줄어들게 되고 결과적으로 생각의 반복이 줄어들 수 있다는 것이다.[31]

실제로 많은 환자를 만나보면 몸을 움직이고 운동하는 것이 다양한 정신과적 증상들을 좋아지게 했다는 것을 알 수 있다. 면담 중에 환자의 일생에서 기분이 가장 안정적이었던 시기를 돌이켜볼 때가 있는데, 스트레스가 없던 시기보다 어느 정도의 스트레스는 있지만 규칙적으로 꾸준히 운동하던 시기의 기분이 안정적이었다고 말하는 경우가 많다.

또한 우울장애나 불안장애로 약물 치료를 받는 사람들이 약물 치료와 운동을 병행했을 때, 증상이 더 빨리 호전되는 경우를 자주 본다. 시드니대학교 연구진은 외상후스트레스장애로 진단받은 환자를 대상으로, 기존 의학적 치료에 더해 운동을 규칙적으로 했을 때 증상이 더 좋아지는지를 확인했다. 외상후스트레스장애 환자 81명을 두 군으로 나누어 한 군은 일반적인 약물 치료와 상담 치료를 진행하고, 다른 한 군은 약물 치료와 상담 치료 외에도 일주일에 세 번 30분간 저항 운동을 하고 보행 측정기를 기반으로 한 걷기 프로그램을 진행했다. 12주 뒤, 일반적인 치료와 운동을 병행한 군이 일반적인 치료만 받은 군보다 외상후스트레스장애 증상이 더 크게 줄어들었다.[32]

몸을 움직이는 것만으로도
생각은 긍정적으로 변한다

×

우리는 일반적으로 생각이 행동에 선행한다고 믿는다. 그런데 뇌는 같이 활성화되는 부위가 서로 연결이 강화되는 특성이 있다. 그리고 연결이 강한 뇌 부위들은 함께 활성화되는 경향을 보인다. 능동적인 생각을 일으키는 뇌 부위와 몸을 움직이게 하는 뇌 부위는 함께 활성화되고 서로의 연결 또한 강화되어 있다. 생각이 행동을 일으키는 것처럼, 행동이 생각을 일으키는 것이 가능하다. 이와 유사한 경향을 보여주는 것이 행동과 감정의 관계다. 흔히, 감정이 행동을 유발한다고 생각하지만, 심리학자들은 행동이 감정을 일으킨다고 말한다. 심리학자인 리처드 와이즈먼Richard Wiseman은 《지금 바로 써먹는 심리학》에서 좋은 기분을 느끼고 있는 것처럼 행동하는 것이 행복한 생각을 떠올리는 것보다 좀 더 빠르고 효과적으로 행복감을 높여준다고 이야기한다. 행동이 감정에 영향을 주는 것처럼, 행동은 생각에도 영향을 미친다.

행동이 우리의 생각과 감정에 영향을 준다는 사실을 고려한다면 어떤 자세로 어떤 행동을 하면서 생각하는 것이 좋을지에 대한 고민이 필요하다. 무기력하게 침대에 누워서 생각에 빠진다면 부정적이고 수동적인 생각이 들 가능성이 크다. 반대로 활기차고 자신감 있게 걸으면서 무언가를 생각한다면 긍정적이고 자신감 있는 생각을 할 가능성이 크다. 위험 상황을 철저하게 분석하고 대비하기 위해서 생각한다면, 활기차게 움직이면서 생각하는 것은 오히려 위험을 객관적으로 평가하지 못해 좋지 않을 수 있다. 하지만 자신에 대해서 생각하거나 삶에 대해서 돌이켜보거나, 용기가 필요한 상황에서는 몸을 움직이면서 생각하는 것이 긍정적인 효과가 있다.

나 역시 일상생활에서 움직이며 생각하기의 긍정적인 효과를 경험할 때가 자주 있다. 하루의 진료를 마치면 몸도 마음도 피곤해지는데, 걸어서 집으로 돌아올 때와 대중교통을 타고 올 때의 생각이 크게 다르다. 걸으면서 하루를 돌이켜 생각하면, 긍정적인 생각이 많이 든다. 힘들고 피곤한 순간에도 잘 견뎌낸 것, 치료를 통해 좋아진 환자들, 집에 돌아가서 어떤 내용의 글을 쓰면 좋겠다는 긍정적이고 의욕적인 생각들이 머릿속에 떠오른다. 이에 반해 버스나 지하철에 가만히 서서 생각에 빠지면, 피곤하다는 생각과 오늘 하루도 힘들었구나, 내일도 힘들 텐데 등의 부정적인 생각이 머릿속을 채운다.

물론 몸을 움직이는 것이 꼭 긍정적인 생각을 일으키는 것은 아니다. 환자들의 경우 우울감이 심할 때는 걸을 때도 안 좋은 생각이 든다고 이야기한다. 또한 무기력한 상태가 심할 때는 운동 자체가 너무 부담되고 힘이 들어서 운동을 하고 난 뒤에 오히려 우울해지는 때도 있다. 만약 몸을 움직여도 부정적인 생각들로 머릿속이 가득 찼다면 그만큼 심하게 아픈 것일 수 있으므로 이때는 전문가와의 상담과 치료를 권하고 싶다.

※ **이것만은 꼭! 핵심 처방** ※

생각에 빠져 헤어나기 어렵다면 먼저 몸을 움직여보자. 가벼운 산책도 좋고, 집 안에서 몸을 쓰는 활동을 해도 좋다. 몸을 움직이는 것만으로 나를 구속하던 생각에서 벗어나는 것이 가능하다. 생각이 많고, 많은 생각 때문에 우울감과 불안감을 경험하고 있다면 규칙적이고 지속적인 운동을 권한다. 운동을 통해 생각이 줄어들고 우울감과 불안감도 한결 나아짐을 경험할 수 있을 것이다.

3

공간에도 감정이 깃든다

장소를 바꿔
생각을 환기하기

환자들 중에는 평상시에는 괜찮은데 집에만 들어오면 부정적인 생각이 들고 우울해진다는 경우가 있다. 다른 장소에서는 괜찮은지 물어보면 일할 때나 친구를 만날 때는 전혀 그렇지 않다고 한다. 이 경우, 집이라는 장소가 부정적인 생각이 떠오르게 하는 요인으로 작용한 것이다.

어떤 사람은 직장에만 가면 걱정이 많아진다고 한다. 집에서는 괜찮고 주말에도 편하게 지내는데, 직장에만 오면 일하다 실수하진 않을까, 남들이 나를 안 좋게 보진 않을까 하는 생각으로 불안해진다고 한다. 이 경우, 회사라는 장소가 불안한 생각을 일으키는 요인이 된다. 이처럼 우리는 장소에 따라 특정 생각을 반복한다.

장소가 생각에 영향을 미친다는 사실을 확인한 연구가 있다. 미국의 노터데임대학교 연구진은 한 위치에서 다른 위치로 이동할 때 기억력이 감소하는 '위치 업데이트 효과'를 연구했는데, 방에서 무언가를 기억하고 문지방을 넘으면 기억한 내용을 잊었다가 다시 방에 돌아오면 기억한 내용이 생각이 난다는 것을 확인했다.[33] 이처럼 장소는 우리의 기분과 생각, 기억 등에 중요한 영향을 미친다.

장소를 바꿔 생각을 환기하기

×

특정 장소에서 반복한 생각은 그 장소에 있는 것만으로도 쉽게 떠오른다. 집에서 자신의 부정적인 부분이나 삶의 걱정거리에 대해 반복해서 생각할 경우, 집에서 편히 쉬어야 할 때 이러한 생각이 머릿속을 차지해 편히 쉬기보다는 우울감과 불안감 등의 부정적인 감정에 빠져들게 된다. 그러므로 집과 같이 우리가 많은 시간을 보내고 휴식을 취하는 장소에서 부정적인 생각을 하는 것은 적합하지 않다. 꼭 해야 한다면 집을 나와서 혹은 집 외의 장소에서 하는 것을 권한다. 집 밖으로 나가 산책을 하거나 사람들이 있는 카페를 방문하는 것도 방법이 될 수 있다. 회사에서 불안한 생각들이 반복해서 든다면 잠시 자신의 자리를 벗어나 바람을 쐬고 들어오는 것도 방법이 될 수 있다. 물론 집이나 회사에서 일시적으로 벗어나더라도 다시 돌아가야 하지만, 그래도 부정적인 생각이 가득 차서 이로부터 벗어나기 어려운 상황에서는 그 장소를 잠시 떠나는 것만으로도 생각을 전환할 수 있다.

장소를 바꿀 수 없다면 환경에 변화를 주는 것도 대안이 될 수 있다. 주로 생활하는 방을 바꿔보거나 가구 배치를 다르게 하는 것으로 장소를 바꾼 것과 유사한 효과를 낼 수 있다.

반복되는 생각으로 인해 우울과 불안감이 큰 경우에는 여행을 다녀오는 것도 도움이 된다. 여행은 반복되는 생각에서 벗어날 수 있는 효과적인 방법이다. 이국적인 장소에 있다 보면 나를 괴롭히던 부정적인 생각에서 어느 순간 벗어나게 된다. 그리고 이전에는 들지 않던 긍정적인 생각이 떠오른다.

실제로 여행을 통해 생각이 달라지고 우울감이 크게 호전되었던 분이 생각난다. 이분은 퇴직 후 반년 가까이 우울하고 무기력한 생각 속에 빠져 있었다. 그러던 중 큰 결심을 하고 산티아고 순례길을 걸어보고자 비행기표를 끊었다. 출발하기 몇 주 전에 다리를 다쳐 가야 하나 말아야 하나 걱정이 많았는데 결국에는 기대 반 걱정 반으로 출발했다. 다행히도 환자는 순례길 일정을 잘 마쳤고 증상 호전에도 큰 도움이 되었다. 기존에 가지고 있던 우울감과 무기력감을 유발하는 생각은 희미해졌고 이러한 생각을 대신해 긍정적이고 힘이 되는 생각들이 채워졌다. 순례길 일정 전과는 다른 사람이 되어서 돌아온 것이다. 나중에 이야기하기로 진작에 가지 못한 것이 아쉬울 정도로 좋은 시간이었다고 했다. 이처럼 장소의 변화는 반복되는 생각과 감정에서 벗어나는 데 효과적이다.

긍정적인 생각이 주는 각인 효과

×

특정 장소에서 주기적으로 긍정적인 생각을 되새기면 그 장소에 있는 것만으로도 긍정적인 효과를 경험할 수 있다. 이를 위해서는 장소에 도착할 때마다 혹은 주기적으로 긍정적인 생각을 반복해주는 것이 필요하다. 예를 들어 집에 도착할 때마다 '오늘 정말 잘했어. 힘든 순간도 있었지만 잘 견뎌냈어. 앞으로도 잘할 수 있을 거야'라는 생각을 습관적으로 되새긴다면 나중에는 집에 도착할 때마다 이러한 생각이 떠올라 자신에게 힘을 줄 것이다.

직장에서 걱정으로 인해 불안하다면, 사무실에 도착할 때마다 이런 생각을 되새겨보자. '어떠한 일이든 차분히 살펴보면 해결책이 보일 거야. 나는 충분히 할 수 있고 지금까지도 잘해왔어.' 이같이 자신을 향한 생각 외에도 힘을 주는 명언이나 확언, 경전 구절 등을 되새기는 것도 효과적인 방법이 될 수 있다.

※　　　　　**이것만은 꼭! 핵심 처방**　　　　　※

우리가 지내는 공간은 생각과 감정에 영향을 준다. 장소를 변화시키는 것은 반복되는 생각과 감정에서 벗어나는 데 효과적이다. 또한 내가 시간을 많이 보내는 장소에서 긍정의 힘을 가지는 생각을 반복함으로써 내 삶을 긍정적으로 변화시킬 수 있다.

4

혼자서 생각하기보다
함께 생각하라

확증 편향에서
벗어나기

진료실에 있다 보면 종종 다음과 같은 이야기를 듣는다. "지난번 상담을 받고서 한결 마음이 편해졌어요." "이야기하다 보니 어떤 것이 나의 문제였는지 알 것 같아요." "말하다 보니 생각이 정리되었어요." 정신 치료는 다양한 상담 기법을 통해 환자의 증상을 호전시킨다. 하지만 때로는 환자의 이야기를 들어주는 것만으로도 증상이 호전될 때가 있다. 일상에서도 비슷한 경우를 자주 접하는데, 친구에게 자신의 고민을 이야기하다 보면 친구가 조언을 해준 것도 아닌데 어느새 문제를 어떻게 해결해야 할지 방법이 보이기도 한다. 다른 사람과 생각을 주고받다 보면 신기하게도 혼자 생각할 때 보이지 않던 것들이 보이기도 하고 복잡했던 머릿속이 명료하게 정리되기도 한다.

중이 제 머리 못 깎는다고 나 역시 불안하고 걱정될 때가 있다. 이때는 같이 정신과 수련을 받은 동기들과 이야기하는 것이 도움이 된다. 수년간 근무했던 대학병원을 그만두는 것부터, 자녀를 어떻게 양육할지, 치료가 어려운 환자를 어떻게 치료할지 등 다양한 문제를 동기들과 상의한다. 그럴 때마다 내가 미처 생각하지 못했던 부분을 발견하고, 고민의 핵심이 좀 더 명확해지는 것을 경험한다.

물론 처음부터 가능했던 것은 아니었다. 이런 이야기를 하면 이상하게 보지 않을까? 안 좋게 보지 않을까? 괜히 다른 곳에 이야기를 전하지는 않을까? 하는 걱정도 있었다. 하지만 관계가 깊어지고 서로를 신뢰하게 되면서 차츰 생각과 고민을 함께 나누는 사이가 되었다. 다른 사람과 생각을 나누는 것이 도움이 된다는 것을 여러 번 경험한 뒤로는 고민거리가 있으면 주저 없이 동기들과 상의하곤 한다.

우리는 다른 사람과 이야기하면서 자기 생각을 가다듬는다. 누군가에게 생각을 전달하는 과정에서 우리는 생각을 말하는 주체면서 동시에 생각을 듣는 객체가 된다. 이러한 과정에서 자기 생각에 논리적인 오류가 없는지, 한쪽으로 너무 치우치지는 않았는지, 근거가 빈약하지는 않은지를 확인한다. 예를 들어 삶에서 희망이 없다고 생각하는 사람이 이에 대해 다른 사람에게 이야기하기 위해서는 왜 삶에 희망이 없는지를 구체적으로 설명해야 한다. 그 과정에서 최근에 안 좋은 일이 자주 일어났기에 앞으로도 계속 그런 일이 일어날 것이라고 막연하게 추측하거나 현재 남들보다 뒤처져 있다고 해서 미래가 없을 것이라고 단정 지어버리는 성급함이 있음을 알게 될 수 있다.

생각을 말로 전달하는 과정은 생각의 문제점을 발견하는 것 외에도 생각을 정리하는 데 도움이 된다. 누군가와 대화하면서 생각이 정리되었던 경험을 다들 해보았을 것이다. 처음에는 복잡했던 생각들이 대화를 하면서 명확해지고 틀이 잡혔던 순간들 말이다.

많은 환자가 처음 진료실에 들어오면 두서없이 자신의 증상을 이야기하는데, 진료가 끝나갈 때쯤이 되면 스스로가 어떤 이유로 언제부터 증상이 시작되었으며 무엇이 현재 자신에게 큰 지장을 주는 상황인지를 파악하는 모습을 보게 된다. 우리는 막연하고 구체적이지 않은 대상이 주는 고통을 분명하고 명확한 대상이 주는 고통보다 힘들어하기 때문에 상담은 상담 자체만으로 치료 효과가 있을 때가 있다. 이같이 누군가에게 생각을 전하는 것은 생각을 바로잡아주고 복잡한 생각을 정리하고 명확하게 만들어준다.

또한 혼자가 아니라 함께 생각하면, 잘못된 생각이나 극단적인 생각, 치우친 생각을 발견하고 고칠 수 있다. 확증 편향confirmation bias이라는 심리학 용어가 있다. 영국의 심리학자 피터 웨이슨Peter Wason이 1960년에 제시한 개념으로 자신의 신념이나 가치를 지지해주는 정보를 선호하는 경향을 말한다. 혼자서 생각할 때는 이 확증 편향이 더 강하게 일어난다. 자신의 생각에 들어맞는 정보는 취합하고 그렇지 않은 정보는 무시하다 보니 생각이 편협해진다. 예를 들어 '행복하기 위해서는 돈이 가장 중요하다'고 생각하는 사람은 경제적으로 풍족하면서 행복한 사람과 경제적 어려움으로 불행한 사람들을 보면서 자기 생각을 확신한다.

이에 반해 경제적으로 여유롭지만 우울하고 불안한 사람이나 경제적으로 어렵지만 행복하게 살아가는 사람들을 보면서는 자기 생각이 틀릴 수 있다는 것을 받아들이지 않을 수 있다. 다른 사람과 소통하다 보면 생각을 주고받는 과정에서 자기 생각의 잘못되고 편협한 부분을 알 수 있다. 이를 통해 자기 생각의 문제와 편협성을 겸허하게 받아들인다면 우리의 생각은 한 단계 더 성장할 수 있다.

×

다른 사람과의 소통은 메타인지적 신념을 발견하고 메타자각 능력을 키우는 데 도움이 된다. 어떤 사람들에게는 메타인지적 신념을 아는 것과 메타자각을 하는 것이 어렵게 느껴질 수 있다. 하지만 다른 사람의 도움을 받는다면 한결 쉬워진다. 우리는 다양한 신념들을 가지고 살아간다. 어떤 신념은 어릴 적부터 자연스럽게 형성되어 자신에게 이러한 신념이 있다는 사실도 모른 채 생각과 사고에 영향을 미치기도 한다.

이를 발견하기 위해서는 자기 생각을 객관적으로 냉철하게 분석해야 하는데 이 또한 간단하지 않다. 자신이 반복하는 생각과 걱정에 대해서 다른 사람들과 이야기를 나누다 보면 내가 가지고 있는 메타인지적 신념을 발견하는 데 도움이 된다.

다른 사람이 해주는 피드백은 메타자각 능력을 키우는 데에도 도움이 된다. "너 지금 다른 생각 하고 있지?" "너 지금 그 이야기만 벌써 몇 번째 하고 있어" "그건 너무 부정적으로만 보는 것 같아" 등의 피드백을 통해 지금 해야 하는 일에 집중하지 못하고 다른 생각에 빠져 있거나, 특정 생각을 반복하고 있거나, 부정적인 생각에 몰두하고 있는 순간을 알아챌 수 있다. 우리는 자신이 생각에 빠져 있는지도 모르는 경우가 많기에 이와 같은 피드백은 메타자각 능력을 키우는 데 큰 도움이 된다.

함께 생각하는 것이 도움이 되지 않는 사람들도 있다. 먼저, 다른 사람의 생각을 비난하는 것에만 관심이 있는 사람이다. 이들은 자기 생각을 정리하거나 다듬고 다른 사람의 생각을 이해하는 데는 관심이 없다. 그저 상대방을 깎아내려 우월감을 느끼는 것이 소통의 목적이다. 이러한 사람들과의 소통은 상처만 남고 아무런 도움이 되지 않는다.

그다음은 자기 생각만을 고집하는 사람이다. 이들은 남의 말에 귀를 기울이지 않는다. 자기 생각을 다른 사람에게 주입하는 것이 목적이며, 자기 생각에 반하는 경우엔 불쾌해하거나 화를 낸다. 이 같은 관계는 다른 사람의 생각을 일방적으로 수용하지 않으면 유지되기 어렵기 때문에 되도록 피해야 한다.

마지막으로는 주관이 없는 사람이다. 이들은 관계를 유지하기 위해서 타인의 생각을 수용하지만 자기 생각을 이야기하지 않는다. 착해 보일지 모르지만 수동적이다. 이들과 대화하면 내가 그럴듯한 사람이 되어 보일 수는 있으나 적절한 피드백이나 조언을 받기 어렵고, 나의 사고나 생각을 한 단계 성장시키는 데도 도움이 되지 않는다.

이런 사람들과 달리 타인의 말에 귀를 기울이고 필요할 때는 직설적으로 조언해주는 사람이 있다면 반드시 옆에 두고 소중한 관계를 유지해야 한다. 그런 관계는 그 어떤 것보다 성장과 발전에 큰 자산이 된다.

※　　　　　　　이것만은 꼭! 핵심 처방　　　　　　　※

다른 사람과의 소통은 편협한 생각을 바로잡고, 복잡한 생각을 명확하게 해준다. 또한 다른 사람의 도움을 통해 메타인지적 신념을 발견하고 메타자각 능력을 키움으로써 반복되는 생각에서 벗어나 현재에 집중할 수 있다.

5

즐거움은 최고의 도구다

취미

활동

하루는 진료 중에 대기실에서 고성이 오고 가는 일이 있었다. 무작정 병원을 찾은 환자가 당장 진료를 받지 못하자 막무가내로 화를 내기 시작한 것이다. 환자가 쉽게 진정이 되지 않아 경찰까지 불러야 했다. 꽤 당혹스러운 경험이어서 앞으로 또 이런 일이 생기지는 않을지, 또 발생했을 때는 어떻게 대처해야 하는지에 대한 고민이 머릿속에 가득 차 집에 와서도 편히 쉴 수가 없었다. 특단의 조치가 필요했다. 그날 저녁, 구석에 박혀서 오랫동안 빛을 보지 못했던 게임기를 꺼냈다.

취미 활동을 하면 뇌 기능이 온전히 취미 활동에 집중된다. 이 때 생각을 반복하는 뇌 영역들의 기능이 떨어지면서 머릿속을 채웠던 생각이 사라지게 된다.

주기적인 취미 활동이 생각의 반복을 줄여준다는 흥미로운 연구 결과도 있다. 독일의 함부르크에펜도르프대학 연구진은 우울증 환자 68명을 대상으로 컴퓨터 게임을 6주간 주기적으로 수행하도록 하고 생각을 반복하는 정도가 줄었는지를 확인했다. 환자들은 평균 일주일에 3.8회 게임을 했는데, 특별한 조치를 하지 않은 환자 그룹과 비교해서 생각을 반복하는 정도가 줄었다. 연구진은 이 같은 결과에 대해서 비디오 게임이 실행 능력executive function을 높여줌으로써 생각의 반추를 줄이는 효과가 있었을 것이라고 설명했다.[34]

취미 생활은 또한 지친 몸과 마음을 회복해준다. 장시간 일을 하거나 퇴근한 후에도 일 생각에서 벗어나지 못하면 우리의 몸과 마음은 지치게 된다. 핀란드 연구진은 직장인 2960명을 대상으로 장시간 근무가 우울과 불안 증상을 유발하는지를 연구했다. 일주일에 55시간 이상 일하는 직장인과 일주일에 35~40시간 근무하는 직장인을 비교했을 때, 장시간 근무는 우울 증상의 발생 가능성을 66% 높였고, 불안 증상이 발생할 가능성을 74% 높였다. 남성보다 여성이 장시간 근무로 우울과 불안 증상이 발생할 가능성이 높았는데, 일주일에 55시간 이상 장시간 근무는 여성의 우울 증상 발생 가능성을 167% 높였고, 불안 증상 발생 가능성을 184% 높였다.[35]

일본 연구진은 남성 1만 5277명을 대상으로 장시간 근무가 심근경색, 뇌졸중에 미치는 영향을 20년간 추적 관찰해 연구했다. 그 결과 하루 11시간 이상 일을 한 남성의 심근경색 발병률이 하루에 7~9시간 일한 남성보다 63%가 높았다. 뇌졸중의 경우 근무 시간과 크게 관련이 없는 것으로 나타났다. 장시간 근무가 심근경색에 미치는 영향은 특히 직장인과 50대 남성에게서 크게 나타났는데, 직장인은 장시간 근무가 심근경색 위험을 111% 높였고, 50대 남성은 장시간 근무가 심근경색 위험을 160% 높였다.[36]

퇴근 후에도 일에 대한 고민이나 직장 생활에서의 인간관계에 대해서 고민한다면, 이는 퇴근 후에도 일을 하는 것이나 마찬가지다. 일을 마치고 일에서 벗어나 온전히 쉬는 것이 필요한데, 이때 필요한 것이 취미다. 취미는 일 외에 자신이 좋아하는 일에 집중하게 함으로써 일에 관한 생각에서 벗어나게 해주고, 일하는 동안 긴장되었던 몸과 마음을 이완시켜주며, 내일을 위한 에너지를 충전할 수 있는 시간을 가지게 해준다.

×

그럼 어떤 취미 활동이 도움이 될까? 이에 대해 미하이 칙센트미하이는 《몰입》에서 자신이 수행한 연구를 소개한다. 대상자들에게 무선 호출기와 설문지를 나누어 준 뒤, 무선 송신장치로 일주일 동안 하루에 여덟 번 무작위로 신호를 보냈다. 호출기가 울릴 때마다 대상자들은 지금 무엇을 하고 있는지 기록하고, '매우 행복하다'에서부터 '매우 슬프다'까지 구분된 항목 중 자신의 상태를 잘 나타내는 감정에 표시했다. 그 결과 비용이 많이 들지 않는 여가 활동을 할 때가 값비싼 물질적 자원이 필요한 여가 활동을 할 때보다 더 행복했다. 미하이 칙센트미하이는 외적 자원이 들지 않지만, 상대적으로 고도의 심리적 에너지를 집중해야 하는 일이 우리를 더 행복하게 해준다고 설명한다.

다른 심리학 연구에서도 우리의 육체나 정신을 사용하는 능동적인 취미 활동이 텔레비전 시청과 같은 수동적인 취미 활동보다 우리를 더 몰두하게 만들고 더 큰 만족감을 준다는 결과를 보여준다. 이 같은 점을 고려한다면, 꼭 돈이 많이 드는 취미를 고집하기보다는 내 몸을 능동적으로 사용하거나, 스스로 흥미가 있고 집중할 수 있는 취미 활동을 찾아서 지속하는 것이 좋다.

다만, 정신건강에 도움이 되더라도 취미만을 탐닉해서는 안 된다. 취미 활동의 이유가 즐거움을 얻기보다는 해야 할 일에서 회피하기 위함인 경우, 취미 활동은 행복을 가져다주기보다 오히려 해야 할 일을 미루게 하고 해결해야 할 문제를 피하게 만든다. 적절한 취미 활동과 취미 활동에 탐닉하는 것은 때로는 명확하게 나누기 어렵다. 하지만 취미 활동이 내가 목표하는 것을 더 잘하기 위한 휴식과 쉼의 역할을 하는 것이 아니라 내가 목표를 이루는 걸 방해한다면 이는 탐닉으로 봐야 한다. 그러므로 취미 활동을 내가 삶을 진정으로 즐기기 위해서 하는지, 해야 할 일을 회피하기 위해서 하는 것은 아닌지 한 번씩 점검해볼 필요가 있다.

※   **이것만은 꼭! 핵심 처방**   ※

취미 활동은 생각의 반복에서 벗어나는 데 효과적인 방법으로 일에 관한 생각에서 벗어나게 해주며, 긴장감을 줄여주어 장시간 근무로 지칠 수 있는 몸과 마음을 회복시켜준다.

6

기록은 불필요한 생각의
반복을 막는다

우울과 불안을 낮추는
기록 습관

생각은 빠르면서 자유롭다. 하지만 빠르고 자유로운 대신에 다른 곳에 신경을 쓰면 어느새 까먹고 놓치기도 한다. 어떤 일을 해야지 생각해놓고 다른 일을 하다가 놓친 경험이 누구나 몇 번씩은 있을 것이다. 연초에 마음먹은 계획들도 시간이 지나다 보면 어느새 그런 계획을 세웠는지도 잊어버릴 때가 있다. 이러한 생각의 한계점을 보완하기 위해 인류는 오래전부터 기록을 했다.

인류는 기록을 통해 문명을 이룩하고 발전시켜왔으며, 현대사회도 수많은 기록을 통해 끊임없이 변화하고 발전한다. 최근에는 오프라인뿐 아니라 온라인을 통해서 글과 사진, 동영상 등으로 생각을 기록하고 나누고 소통한다. 기록을 잘 활용하면, 부정적인 생각에서 벗어나 우울과 불안에서 한층 자유로워질 수 있다.

먼저, 기록은 불필요한 생각의 반복을 막는다. 우리가 하는 생각의 흐름을 잘 살펴보면 반복되는 패턴이 있다. 예를 들어, 직장 생활 중 상사의 가시 돋친 말에 상처받은 적이 있다면 상사의 별 의도 없는 말과 행동에도 이전에 상처받은 일이 생각날 수 있다. 그리고 이어서 그때 왜 자신에게 그런 말을 했는지, 왜 자신을 그렇게 대하는지, 앞으로 또 그런 일이 있지는 않을지, 만약 그렇다면 어떻게 대처해야 할지에 대한 생각이 머릿속을 채운다. 이렇게 과거에 상처받았던 일이 생각날 때마다 꼬리에 꼬리를 무는 생각의 패턴이 매번 우리 머릿속에서 반복될 수 있다.

이때 생각의 반복을 줄이고 이어지는 생각을 막는 방법이 기록이다. 반복되는 생각의 패턴을 정리해 기록하는 것은, 중요하고 의미 있는 생각을 정하고 불필요한 생각을 가지치기해준다. 상사가 내가 한 일이 마음에 들지 않아서 화를 낼 수는 있다. 하지만 나를 인격체로서 무시해서 한 행동은 아닐 것이다. 또한 내가 못나고 부족해서 그런 대접을 받은 것도 아닐 것이다. 이같이 과한 생각, 잘못된 생각은 배제하고 분명한 사실과 생각을 정리해 기록하다 보면 뚜렷하고 의미 있는 생각은 머릿속에 남고 막연하고 과한 생각은 정리가 되어 불필요한 생각의 반복을 줄일 수 있다.

우울과 불안을 낮추는 기록

×

미국의 국립 PTSD 센터 연구진은 대학생 69명을 대상으로, 힘들었던 순간에 느낀 감정을 글로 쓰는 것이 부정적인 생각을 반복하는 것을 줄일 수 있는지를 확인했다. 연구 대상자들을 두 군으로 나누어 '표현적 글쓰기'를 수행하도록 하고 나머지 한 군은 그날 있었던 일을 일기로 쓰게 했다. 표현적 글쓰기를 시행한 군은 자신이 경험했던 일 중에 가장 큰 스트레스 혹은 트라우마를 남긴 사건에 대해서 기록하고 그때 경험한 감정이나 느낌을 최대한 적어보도록 했다. 그리고 그 사건이 삶에 어떠한 영향을 주었는지도 함께 기록하도록 했다. 이를 하루 20분씩 3일간 연달아 시행했고, 글쓰기를 하기 전과 글쓰기를 수행한 후 2, 4, 6개월 뒤에 우울과 불안 증상을 평가했다. 그 결과 생각을 곱씹는 경향이 큰 학생들에서 표현적 글쓰기를 수행했을 때, 우울과 불안 증상의 정도가 많이 감소했다. 표현적 글쓰기는 부정적인 생각이나 감정을 마주하게 함으로써 이를 발전적으로 해결하는 방안을 모색하게 하고 이는 결과적으로 우울과 불안 등의 부정적인 감정을 좀 더 효과적으로 다루는 데 도움이 되기 때문이다.[37]

부정적인 생각이 많고 우울하고 불안한 경우, 타인과의 관계를 점점 피하게 되고 사회적으로 고립되는 경우가 많다. 사회적 고립은 주변에서 받을 수 있는 위로와 공감을 차단함으로써, 우울과 불안을 악화시킨다. 그런데 자기 생각이나 감정을 기록으로 남기다 보면, 이를 주변 사람에게 이야기하고자 하는 욕구가 생겨나고 좀 더 쉽고 편안하게 자기 생각이나 감정을 주위 사람들과 나눌 수 있다. 이는 결과적으로 도움을 줄 수 있는 사람들과의 관계를 촉진시킴으로써 생각에서 벗어나고 우울과 불안을 이겨내는 데 큰 도움이 될 수 있다.

마지막으로 기록은 지금의 나와 미래의 나를 이어준다. 힘든 순간, 우울하고 불안할 때 가장 도움이 되는 사람은 누구일까? 가족과 친구 모두 도움이 될 수 있지만 가장 도움이 되는 사람은 바로 나 자신이다.

환자에게 이전보다 좋아졌다는 피드백을 받으면, 어떤 것이 도움이 되었는지 꼭 기록해보라고 조언한다. 힘들었을 때 도움이 된 방법은 앞으로도 힘들 때 도움이 된다. 우울과 불안을 이기는 방법에는 여러 가지가 있지만, 나에게도 도움이 되리라는 보장은 없다. 그러므로 증상이 좋아지고 호전되었을 때는 도움이 된 방법을 기록해 나중에 힘들 때 볼 수 있도록 해야 한다. 이처럼 우리는 기록을 통해 힘든 순간을 이겨내고 어려운 순간을 극복할 수 있는 노하우를 미래의 나에게 전달할 수 있다.

※ **이것만은 꼭! 핵심 처방** ※

기록은 생각의 반복을 막고, 우울과 불안을 이겨낼 수 있는 가장 효과적인 도구다. 오늘부터 간단하게라도 기록해보고, 기록하는 것을 습관으로 만들어보는 것을 권한다.

7

생각의 목적을
분명히 하라

생각의

이정표

　　　　　　　　　혹시 두서없는 회의에 참여해본
적 있는가? 회의 참여자들은 자신이 관심 있어 하는 내용을 말하
기에만 바쁘고, 회의 시간이 길어질수록 집중력은 떨어지며 회
의 방향은 점점 산으로 간다. 이런 회의에 참여하는 것은 무척 지
루하면서도 고통스러운데, 회의가 끝나고 나면 몸에 힘이 다 빠
져서 아무것도 할 수가 없다. 이 같은 회의의 특성은 목표가 명확
하지 않다는 것이다.

　우리의 생각도 마찬가지다. 목적이 명확하지 않으면 이런저
런 생각이 머릿속을 스쳐 지나가고 부정적인 감정을 일으키는 생

각이 반복되는 경우가 많다. 오늘 나를 기분 나쁘게 했던 상사, 미루어놓은 집안일, 이번 달에 나가야 할 카드값 등 이런저런 생각을 하는 것만으로도 피곤하고 지친다. 나름대로 쉬고 있다고 여겼는데, 두서없는 회의에 오랫동안 참여하고 있는 것처럼 피로해진다. 반대로 생각이 많아지는 상황에서 생각의 목적을 분명히 하는 것은 생각하는 시간을 의미 있게 만들고, 생각으로 인한 피로감을 줄인다. 목적을 명확히 하고 생각하면 필요한 생각에 집중하고 부정적이고 반복되는 생각을 줄일 수 있다.

우리 뇌의 중요한 기능 중 하나는 목적 수행에 필요한 자극과 필요하지 않은 자극을 구분해 필요한 자극에는 주의를 기울이고 그렇지 않은 자극은 무시하는 것이다. 일상에서도 우리 뇌는 다양한 자극을 받아들인다. 시각·청각·감각 자극 등 외적 자극뿐 아니라 감정, 경험 등 내적 자극들이 한꺼번에 뇌로 들어오는데, 우리 뇌는 목적에 부합한 자극에만 선별적으로 주의를 기울일 수 있다.

덕분에 우리는 시끄러운 환경 속에서도 상대방과 대화할 수 있고, 음악을 들으면서도 책을 읽거나 공부할 수 있다. 생각 역시 자극으로 작용해 다양한 감정과 생각을 불러일으킨다. 이때 생각의 목적을 분명히 하면 목적과 부합하는 생각에 의식을 기울이면서 불필요한 생각은 자연스레 흘려보낼 수 있다. 예를 들어

시험을 마친 뒤, 고생한 자신을 칭찬하는 걸 목표로 정할 수 있다. 이런 목표를 정하면 시험 준비 계획을 잘 세웠던 부분, 힘든 순간을 잘 견뎠던 것, 시험 볼 때 집중한 것 등 스스로 보기에 잘했던 일들이 주로 생각난다. 반면에 시험을 준비하면서 잘못하거나 소홀했던 것, 시험을 보면서 아쉬웠던 생각은 목적에 부합하지 않기 때문에 자연스레 의식 밖으로 흘려보내게 된다.

보상 체계를 만드는
생각의 지도

×

생각의 목적을 정하는 것은 생각하는 것을 즐겁게 한다. 우리 뇌는 목적을 가지고 행동할 때 대뇌 피질의 보상 중추가 활성화된다. 동기가 부여되고 목표 달성 시에는 쾌감을 경험한다. 마찬가지로 목적을 가지고 생각하면, 보상 중추가 활성화되어 도파민이 분비된다. 이는 뇌가 목적에 부합하는 생각을 하도록 영향을 주며, 그 생각을 떠올리게 되면 자기 보상 시스템이 활성화되고 보상 체계를 자극해 생각하는 행위 자체가 즐거워지게 된다.

반대로 목적 없는 생각이 지속되면, 목표와 관련 없거나 의미 없는 정보를 계속 처리하느라 뇌가 비효율적으로 에너지를 사용하게 된다. 결과적으로 도파민 수준이 감소하고, 기분이 저하되며, 불필요한 긴장과 피로를 유발할 수 있다. 그러므로 효율적이고 즐겁게 생각하고 싶다면 목적을 정하고 생각해야 한다.

목적을 정하고 생각하면 스트레스 반응을 줄일 수 있다. 때로는 싫어도 생각해야 하는 것들이 있다. 예를 들면, 인간관계에서 갈등이 있는 경우, 관계를 유지하고 현명하게 대처하기 위해서는 이에 대해 생각해야만 한다. 갈등에 관한 생각이 머릿속에 떠오르면 분노, 불안감, 무력감 같은 다양한 부정적 감정이 일어나고 스트레스 반응도 나타난다. 우리는 이와 같은 생각, 감정, 스트레스에 수동적으로 반응할 수밖에 없다.

하지만 갈등을 해결할 방법을 찾는 것을 목표로 정하면, 주체가 되어서 능동적으로 생각하게 되고, 능동적으로 생각하는 것만으로도 감정 반응과 스트레스 반응이 줄어든다. 예를 들면 '나는 부족한 사람이야' '내 삶에는 왜 이런 사람들이 많을까?'와 같은 무기력감, 좌절감을 유발하는 부정적인 생각이 줄어드는 것이다.

이는 결과적으로 문제 상황을 해결하는 데 도움이 된다. 생각을 통해서 해결책을 찾는 것만으로도 우리 뇌는 목적을 달성한 것으로 여기게 될 뿐만 아니라, 목표를 정하고 이를 위해 노력하고 성취를 경험하는 것은 긍정적인 감정과 경험을 유발한다.

목적 있는 생각을 위한 길라잡이, 질문

×

생각의 목적을 정하는 것이 익숙하지 않다면 자신에게 질문을 하는 방법을 권한다. 예를 들어, "내가 이번 시험 기간에 잘한 것이 무엇일까?"라는 질문을 자신에게 한다면 이 질문이 나침반 역할을 해 생각이 나아갈 방향을 잡아준다.

실제로 많은 위인이 질문의 중요성을 강조했다. 미국의 교육 철학자인 존 듀이John Dewey는 질문이 학습과 사고의 핵심이라고 강조하며 다음과 같이 말했다.

"생각은 주로 질문에서 비롯된다."

아인슈타인 역시 창의적 사고와 지적 성장에서의 질문의 중요함을 강조하며 다음과 같이 말했다.

"창의적인 생각은 천재적인 질문에서 비롯된다."

이처럼 좋은 질문은 생각을 확장시키고 목적에 맞게 향상하는 데 도움이 된다. 적절한 질문을 사용하면 생각을 효율적으로 할 수 있고, 부정적인 생각에서 벗어나는 것이 한결 수월해질 수 있다.

⚜ **이것만은 꼭! 핵심 처방** ⚜

두서없는 생각은 부정적인 감정과 스트레스를 유발하고, 우리를 지치게 한다. 생각하기 전에 목적을 정하면, 불필요한 생각에서 벗어나 효율적인 생각이 가능하다. 목적을 정해 생각하는 것이 익숙하지 않다면, 목적과 관련된 질문을 던져보자. 생각이 가야 할 방향을 가리켜 현명하게 생각하는 데 큰 도움이 될 것이다.

8

외적 자극이 아닌 정신의 힘을 기르자

정신의 힘을 기르는 명상

　　사람들은 우울하거나 불안할 때 이를 극복하는 다양한 방법을 시도한다. 운동을 하거나, 맛있는 것을 먹거나, 여행을 떠나기도 한다. 이 같은 방법은 우울감이나 불안감이 심하지 않을 때 제법 도움이 되어 기분을 나아지게 한다. 하지만 우울장애와 불안장애같이 증상이 심한 경우, 이러한 방법들만으로는 우울과 불안이 나아지지 않는다.

　　그런데 특별한 도구 없이 쉽게 할 수 있으면서, 동시에 심한 우울감과 불안감을 개선해주는 효과적인 방법이 있다. 바로 명상이다.

많은 환자가 우울증 혹은 불안증으로 힘들었을 때, 명상이 도움이 되었다고 이야기한다. 실제로 정신의학이 발전하기 전까지 명상은 정신 질환의 치료에 사용되었다. 대표적으로 인도의 전통 의학인 아유르베다는 명상을 활용해 우울감과 불안감을 줄이고 정신의 안정을 도모하는 효과가 있어서 수천 년간 정신 질환의 치료에 사용되었다.

　　19세기 이후 의학이 과학적이고 전문적으로 발전하면서 정신 질환의 치료를 담당하게 되었지만, 명상은 여전히 많은 사람이 건강한 정신 상태를 유지하는 데 크게 기여하고 있다. 다양한 의학 연구를 통해서도 명상이 정신건강을 개선하는 데 효과가 있음이 밝혀졌다.

　　명상은 머릿속에 드는 생각과 감정 등 다양한 자극에서 벗어나 호흡이나 감각 자극에 온전히 집중함으로써 마음을 진정시키고 정신적으로 안정되게 한다. 또한 과거나 미래가 아닌 현재에 집중하게 만들어 지금 이 순간 해야 하는 생각과 행동에 몰입하게 한다.

시각적인 자극이 아닌
정신 활동이 필요한 이유

×

사람은 머릿속의 생각을 줄이고 싶을 때, 보통 시각 자극을 제공하는 대상에 의지한다. 우리 뇌는 시각 자극에 민감하다. 시각 정보를 처리하는 '시각 피질'은 우리 뇌의 후두엽에 위치하는데, 대뇌 피질(대뇌의 표면에 위치하는 신경세포들의 집합으로, 부위에 따라 사고, 언어, 기억 등 뇌의 중요 기능을 담당함)의 30%가 시각 피질로 이루어져 있을 정도로 뇌의 많은 부분이 시각 정보를 처리하는 데 사용되고 있다.

시각 정보는 다른 감각 정보에 비해 더 빠르게 처리되며, 우리는 이를 기반으로 시각 자극을 해석해 신속한 결정을 내릴 수 있

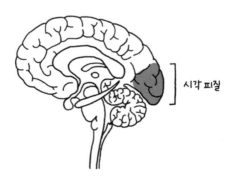

시각 피질

다. 일상적인 상황에서 우리 뇌는 시각적 자극에 많은 주의를 기울이며, 시각 정보를 통해 빠르게 환경을 이해하고 대처한다. 이처럼 뇌가 시각 자극에 민감하기에 우리는 생각에서 벗어나고 싶을 때 시각 자극을 이용하는 것이다. 예를 들면, 스마트폰으로 유튜브, 인스타그램, 넷플릭스 등을 보고 있으면 복잡한 생각에서 쉽고 빠르게 벗어날 수 있다.

그런데 스마트폰을 닫는 순간, 시각 자극이 없어지며 온갖 생각이 다시 머릿속에 떠오른다. 부정적인 생각에서 벗어나기 위해서는 더 강한 시각 자극이 필요하다. 그래서 부정적인 생각이 많은 사람은 스마트폰이나 게임 중독으로 이어지는 경우가 많다.

이에 반해 명상은 외적 자극이 아닌 정신 활동을 통해 생각에서 벗어나게 되며, 외적 자극 없이도 무언가에 몰입하는 것을 쉽게 만든다. 대부분의 명상은 눈을 감고 시각 자극을 단절한다. 명상은 외적 자극이 아닌 우리의 정신적인 힘을 통해 불필요한 생각에서 벗어나 정신 활동에 몰입하는 과정이다. 하지만 시각 자극의 단절은 다양한 생각이 머릿속에 떠오르게 만든다. 누구나 자려고 침대에 누웠을 때, 온갖 생각이 머릿속에 떠오르는 경험을 해봤을 것이다. 특히 시각 자극에 많이 노출되어 살아가는 사람일수록 눈을 감았을 때 몰려오는 생각에서 벗어나기가 어렵다. 처음에는 어렵지만 반복할수록 익숙해지며, 명상을 지속하다 보면 나중에는 수십 분, 수 시간 동안 명상에 온전히 몰입하는 것이 가능해진다.

명상을 통해 생각에서 벗어나게 되면 그 상태는 명상이 끝나고도 지속된다. 명상하면서 불필요한 생각에서 벗어나는 과정은 외적 자극이 아닌 오로지 정신의 힘을 기반으로 하기 때문에, 자극이 없어지면 여러 생각이 한꺼번에 떠오르는 시각 자극과 달리 일상생활에서도 지속이 가능하다. 명상을 통해 우리는 부정적인 생각에서 쉽게 벗어날 수 있고, 우리가 해야 할 일상에 온전히 집중할 수 있게 된다.

명상이 부정적인 생각의 반복을 줄여준다는 사실은 여러 연구에서 입증되었다. 이탈리아의 우디네대학교 연구진은 대학생 75명을 두 그룹으로 나누어 한 그룹은 8주간의 마음챙김 명상을 수행하고, 다른 그룹은 마음챙김 명상에 관한 책을 읽고 토론만 하도록 해 8주 후에 생각을 반복하는 경향이 줄어드는지를 확인했다. 결과적으로 8주 동안 마음챙김 명상을 수행한 그룹에서 생각의 반복 경향이 감소하고, 미래에 대한 긍정적인 관점이 높아졌다는 것을 확인했다.[38]

영국의 엑서터대학교 연구진은 대학생 68명을 대상으로 명상하는 환경이 우울증 증상 및 우울한 생각의 반복에 미치는 영향을 조사했다. 결과적으로 모든 명상 방법이 우울 증상을 줄이는

데 효과가 있었고, 특히 자연 속에서 명상하는 것이 우울한 생각의 반복을 크게 줄였다.[39]

명상은 다양한 기전(메커니즘)을 통해 부정적인 생각을 줄인다. 명상을 반복함으로써 전전두피질(전두엽의 앞 부분을 덮고 있는 대뇌 피질, 주의를 조절함)의 기능이 강화되고 이는 부정적인 생각의 억제를 수월하게 한다. 또한 명상은 스트레스를 감소시키고 기분을 안정화해 부정적인 생각을 줄이는 데 도움을 준다. 명상이 안정된 상태의 뇌파를 유발한다는 연구 결과도 있다. 안정된 뇌파의 증가가 마음을 안정시키고 집중력을 높여 부정적인 생각에서 벗어나는 것이 더 수월해진다.

※   **이것만은 꼭! 핵심 처방**   ※

생각에서 벗어나기 위해 늦은 밤까지 스마트폰을 붙잡고 있다면, 주기적으로 명상을 해보는 것을 권한다. '마음챙김 명상' '호흡 명상'으로 유튜브나 책을 찾아보면 효과적인 명상 방법을 접할 수 있다. 처음에는 지루하게 느껴지고 힘이 들 수 있지만, 꾸준히 하다 보면 머릿속의 부정적인 생각을 떨쳐내기가 한결 수월해질 것이다.

9

좋은 습관이
좋은 인생을 만든다

습관의

작동 원리

우리의 삶은 반복되는 일상으로 이루어진다. 아침 기상 후 세수를 하고, 식사를 챙기며 출근을 준비한다. 직장에 도착하면 메일을 확인하고 답장을 보내며 업무를 시작한다. 일과가 끝나면 집으로 돌아와 씻고, 마지막으로 침대에 누워 하루를 마감한다. 이러한 대부분의 행동은 우리가 의식적으로 선택하는 것이 아니라, 무의식적으로 이루어지는 습관들이다.

미국의 텍사스A&M대학교의 연구에 따르면, 우리가 하는 행동 중 43%는 습관적인 행동이라고 한다.[40] 습관은 우리가 의식하지 않아도 자동으로 수행되어 우리의 행동을 예측할 수 있게 하고 일상에 안정감을 준다. 습관이 우리의 삶에 미치는 영향은 그게 끝이 아니다. 습관은 생각, 행동, 목표, 가치에 영향을 미치며, 인생의 성공과 만족도에도 영향을 미친다. 고대 철학자 아리스토텔레스는 이렇게 말한 바 있다.

"무엇을 반복하는가에 따라 우리의 품성이 형성된다."

삶을 긍정적으로 변화시키기 위해서는 좋은 습관이 중요하며, 이것을 자신의 인생에 잘 안착시키기 위한 노력도 수반되어야 한다. 한번은 진료실에 있는 심리학 관련 서적을 보고 다음과 같이 이야기하는 분이 있었다. "저도 그 책 읽었어요. 읽을 때는 위로가 되고 좋았는데, 그렇다고 제가 크게 달라지지는 않더라고요."

책을 읽다가 마음에 드는 구절을 발견하면, 우리는 종종 밑줄을 치거나 기록하여 소중히 간직하려 한다. 처음에는 그 구절이 우리에게 위로를 주고, 마음을 움직이게 만들 수 있다. 그러나 시간이 지나면 다시 이전으로 돌아온다. 책에서 얻은 통찰이 실제로 실천으로 옮겨가고, 그것이 반복되어 습관으로 자리 잡아야 비로소 일상이 변화할 수 있다.

습관을 만드는 것은
의지가 아닌 뇌

✕

　　　　　　　　　　습관이 만들어지려면 특정 상황
에서 일정한 행동을 반복하는 것이 중요하다. 습관 형성에는 전
전두피질과 기저핵(척추동물의 앞쪽 뇌의 기저에 위치하여 기저핵이
라 불리며, 다른 여러 뇌 부위와 연결되어 운동 조절, 학습, 감정을 포함
한 많은 기능을 담당함)이 중요한 역할을 하며, 전전두피질은 의지
로 행하는 행동에 관여한다. 무언가를 학습하거나 습관이 형성
되기 전에 하는 행동은 전전두피질에 의해 일어난다. 습관이 형
성되기 전까지는 의지를 통해 일정한 행동을 특정 상황에서 반복
해야 하는 것이다. 특정 상황에서 일정한 행동이 반복되면 기저
핵은 이를 기억하고 저장한다. 습관이 만들어진 뒤에는 특정한

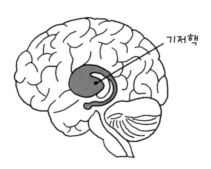

기저핵

환경이나 상황에서 기저핵이 자동으로 행동을 발생시킨다.[41] 습관이 형성되면 더 이상 의지적인 노력이 필요하지 않고, 습관화된 행동은 자동으로 실행된다. 이처럼 전전두피질에 의한 의지적인 행동이 특정 상황에서 반복되면, 기저핵은 반복적인 행동을 자동화하여 습관으로 만든다.

반복할 때는 특정 상황과 연관을 지어서 반복하는 것이 중요하다. 습관을 형성하는 뇌의 기저핵은 특정 상황과 행동을 연결해 기억하고 특정 상황에서 자동으로 행동하도록 한다. 상황과 관계없이 행동을 반복하는 것은 습관으로 이어지지 않는다. 예를 들어, 아무 때나 생각을 글로 쓰는 것을 반복해서는 글 쓰는 습관으로 이어지지 않는다. 반면에, 저녁에 샤워한 뒤에 글을 쓰는 것을 반복하면, 어느새 습관으로 바뀌어 글을 쓰겠다는 의지없이도 샤워 후에 자동으로 글을 쓰게 된다. 이렇게 습관이 된 행동은 이후로도 반복되면서 생각을 바꾸고 삶을 바꾼다.

실제로 위인이나 유명인 중에는 규칙적인 습관을 지닌 사람이 많다. 톨스토이는 60년간 꾸준히 일기를 쓰며 자기 내면을 탐험했다. 어니스트 헤밍웨이는 매일 500단어씩 글을 쓰며 작가로서의 능력을 키웠다. 무라카미 하루키는 매일 한 시간 이상 달리기와 수영을 하면서 몸과 정신을 건강하게 유지했다. 워런 버핏은 매일 독서를 통해 지식을 쌓고 투자 전략을 개발했다. 스티브 잡스는 혁신적인 제품을 만들기 위해 디자인과 기술에 관한 공부와 실험을 꾸준히 이어갔다. J. K. 롤링은 매일 정해진 시간에 글을 쓰면서 《해리포터》 시리즈를 창작했다. 이처럼 규칙적인 습관은 이들이 목표를 달성하고 성과를 거두는 데 큰 역할을 했다.

습관을 만드는 데 걸리는 최소한의 시간

×

그렇다면 습관이 만들어지기까지 어느 정도의 시간이 필요할까? 영국의 런던대학교 연구에서는 참여자 96명을 대상으로 12주 동안 특정 행동을 규칙적으로 반복하면서, 해당 행동이 얼마나 습관으로 자리 잡히는지 조사했다. 결과적으로, 행동이 습관이 되는 데 걸리는 시간은 행동에 따라 다소 차이가 있었지만, 일반적으로 약 두 달 이상이 필요했다. 구체적으로 살펴보면, 무언가를 먹는 행동이 습관이 되는 데는 65일이 걸렸고, 마시는 행동이 습관이 되는 데는 59일이 소요되었다. 반면, 운동이 습관이 되는 데는 91일이 걸렸다. 간단한 행동은 비교적 빠르게 습관으로 자리 잡는 경향이 있었지만, 복잡하거나 힘이 드는 행동은 습관이 되는 데 더 많은 시간이 필요했다.[42] 이러한 연구 결과를 종합하면, 간단한 습관이 생기는 데에는 두 달 이상이 소요되며, 복잡한 습관의 형성에는 석 달 이상이 필요하다. 삶을 긍정적으로 변화시키는 기술이나 방법을 실제 삶에 녹여내기 위해서는 최소한 몇 개월 동안 특정 상황에서 반복해 습관으로 만들어야 한다.

우리는 이 장에서 자신이 무슨 생각을 하는지 확인하기, 몸을 움직이기, 장소를 바꾸어보기, 글로 써보기, 누군가와 대화하기, 명상하기, 목적을 정하고 생각하기 등 반복되는 생각에서 벗어나 현재의 삶에 몰입할 수 있는 다양한 방법을 함께 살펴보았다.

습관이란 어떤 상태나 상황 속에서도 반복되는 행동이며, 특히 어려운 순간에 더 강력한 힘을 발휘한다. 습관은 단순한 반복에서 나타나는 것이 아니라, 어떤 상태에서도 계속해서 자동으로 이루어지는 행동 패턴이다. 따라서 좋은 습관을 형성하면, 우울하거나 불안할 때도 우리를 지켜주는 강력한 도구가 될 수 있다.

✳️   **이것만은 꼭! 핵심 처방**   ✳️

지금까지 나왔던 생각의 기술을 습관으로 만든다면, 우울하고 불안한 순간에도 이를 활용하여 마음의 안정을 찾을 수 있을 것이다. 따라서 여러분이 형성하려는 습관이 어려운 순간에도 효과를 발휘할 수 있도록, 꾸준히 반복하는 것이 중요하다. 지속적인 노력과 열정으로 습관을 만든다면, 어떤 어려움 속에서도 행복하고 건강한 삶을 유지할 수 있을 것이다.

---

10 필요할 때는 현대 의학의 힘을 빌려라

올바른

약물 치료

사람들은 다양한 목적으로 정신과를 찾는다. 어떤 사람은 자신의 상태를 궁금해한다. 자신이 경험하는 증상이 특정 정신장애에 해당하는지, 정신장애가 맞는다면 심한 것인지 알고 싶어 한다. 어떤 사람은 증상의 치료를 원한다. 증상으로 인한 주관적인 고통과 일상생활의 지장이 커서 약이나 다른 치료를 통해 회복하기를 바란다. 어떤 사람은 신체적 불편감으로 병원 진료를 받았다가 정신과 치료를 권유받기도 한다.

정신과를 방문하면 문진, 자가 설문, 객관적인 검사 등을 수행하게 되고 이를 바탕으로 정신과 의사는 정신장애의 유무를 진단한다. 예를 들어, 불안감과 가슴 두근거림이 심하여 정신과를 방문한 환자가 있다면, 이러한 증상이 흔히 동반하는 우울장애와 불안장애의 진단 여부를 판단하고 그 외에도 해당 증상을 일으킬 수 있는 다른 정신장애 혹은 부정맥과 같은 신체 질환을 감별한다. 정신장애의 진단은 때로는 문진만으로 정확한 판단이 어렵다. 정신과 질환에 부정적인 편견이 있는 경우, 증상을 부인하고 자신은 정상이라고 주장할 수 있다. 문진 외에도 관찰되는 환자의 표정과 말투, 억양, 그리고 객관적인 검사 결과를 종합하여 정신장애 여부를 판단한다. 정신장애는 암이나 당뇨, 고혈압처럼 특정 검사 결과를 기반으로 하는 것이 아니고 정신장애의 증상은 사람마다 가지각색이다. 그래서 정신장애를 진단하는 과정은 항상 부담되면서도 도전적인 영역이다.

정신장애를 진단할 때는 심각도도 함께 판단한다. 우울 증상으로 어려움을 경험하고 있지만 나머지 다른 영역에서 문제가 없다면 경한 우울증이라 할 수 있다. 반대로 우울 증상으로 고통이 심해 직장 생활을 지속하기 어렵고 대인 관계도 위축된다면 심한 우울증에 해당한다. 또한 자살 사고나 계획이 동반되어 생명을 잃을 위험이 있다면 이 또한 심한 우울증에 해당한다.

마지막으로는 환자가 가지고 있는 치료적 자원을 평가한다. 지지해주는 가족이나 친구가 있다면 힘든 순간에 공감이나 격려를 받을 수 있을 것이다. 경제적, 시간적 여유도 중요하다. 여가를 즐길 충분한 시간과 여유가 있는 사람이 있는 반면, 일, 육아, 집안일, 가족 부양을 위해 대부분의 시간과 에너지를 써야 하는 사람도 있다. 이와 같은 다양한 평가를 통해 얻은 정보를 종합하여, 환자에게 어떤 치료를 권할지 정한다. 정신장애가 아니거나 정신장애 증상이 경미하거나 치료 자원이 풍부한 환자의 경우, 약물 치료를 보류하고 증상 호전에 도움이 될 수 있는 행동을 적극적으로 해보면서 증상의 변화를 관찰할 수 있다. 반면에, 정신장애 증상이 심각하거나 치료 자원이 부족한 경우에는 적극적으로 약물 치료를 권한다.

적절하고 올바른 약물 치료

×

아직까지도 약물 치료에 대해 부정적인 사람이 많다. 정신과 치료를 받아본 경험이 없는 경우, 약물 부작용을 우려하거나 약물 의존증을 염려하기도 한다. 특히 자기 능력이나 의지에 대한 믿음이 큰 사람일수록 자신 외에 다른 것에 의지했을 때, 문제가 생기지 않을까 하는 두려움이 크기 때문에 약물 복용을 경계하기도 한다.

하지만 전문가들의 의견에 따르면, 우울장애, 불안장애를 치료하는 항우울제는 약물 의존성이 없다. 약물 의존은 먹을수록 약효가 떨어지는 '내성tolerance'이 생기거나 약을 끊었을 때 '금단현상'을 동반하는데, 항우울제는 내성이 없으며 금단현상도 경미하다. 또한 약물 의존을 정의할 때는 부정적인 결과가 초래할 것이 분명함에도 약을 갈망하고, 찾고, 복용하는 행동이 있는 것이 중요한데 우울장애, 불안장애로 항우울제를 복용하는 것은 오히려 삶의 질을 개선시키고, 증상이 호전된 뒤에 약을 줄여서 중단하는 것이 어렵지 않다.[43]

그렇다고 모든 정신과 약물이 의존으로부터 안전한 것은 아니다. 불안, 긴장감, 불면 증상을 일시적으로 줄여주는 항불안제와 수면제는 의존의 문제가 생길 수 있다. 간혹 항우울제를 포함한 모든 정신과 약이 의존이 생길 수 있다고 주장하는 경우가 있는데, 주장하는 분이 전문가가 맞는지 확인해볼 필요가 있다. 진료실에서는 약물 복용에 대한 걱정이나 두려움 등을 확인하고 약에 대해 충분히 이야기를 나눈 뒤, 환자가 약물 복용을 결정하면 약물 치료가 시작된다.

약물 치료는 정신장애의 증상 호전에 도움이 되며, 부정적인 생각의 반복으로 인해 힘들어하는 환자에게 특히 도움이 된다. 미국의 일리노이즈대학교에서는 우울장애, 불안장애, 외상후스트레스장애 환자 91명을 대상으로 약물 치료와 인지행동 치료가 부정적인 생각을 반복하는 것을 줄이는 데 도움이 되는지를 확인했다. 그 결과 인지행동 치료와 마찬가지로 항우울제 복용이 부정적인 생각의 반복을 줄이는 결과를 보였다.[44]

대만의 한 병원은 아리피프라졸이라는 약물을 2년간 우울증이 지속된 환자에게 사용했을 때, 부정적인 생각이 반복되는 것이 줄고 우울 증상이 크게 개선되었다고 학술 저널에 게재하기도 했다. 이 약이 우울증 환자에서 저하된 전대상피질(전두엽의 안쪽 뇌 중앙에 있는 영역으로, 감정, 인지, 자율 신경계 조절 등과 관련된 다양한 신호를 처리하고 조절함)의 기능을 회복시킴으로써 부정적인 생각의 반복에서 벗어나게 하여 우울 증상이 호전된 것으로 설명했다.[45]

실제 임상에서도 항우울제 혹은 항우울제와 아리피프라졸의 병용 요법은 우울증 환자들이 부정적인 생각에서 벗어나게 도와

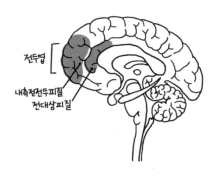

전두엽
내측전전두피질
전대상피질

주며 이는 우울증의 회복에 크게 도움을 준다. 약물 치료가 생각의 반복을 줄이는 데 효과가 있지만, 우울장애나 불안장애가 아닌 환자가 약을 먹는 것은 조심해야 한다. 모든 약은 부작용이 있다. 가장 흔하게 사용하는 에스시탈로프람이라는 항우울제만 해도 수십 가지의 부작용이 있다. 물론 심각한 부작용은 드물고 대부분의 부작용은 시간이 지나면 줄어들지만 그럼에도 모든 약은 위험성이 있다. 약을 먹기 전에는 투약으로 얻을 수 있는 효과와 발생할 수 있는 부작용을 충분히 저울질해보고 효과가 부작용보다 크다고 판단되는 경우에만 복용해야 한다.

※　　　　　　　　**이것만은 꼭! 핵심 처방**　　　　　　　　※

항우울제는 의존의 걱정 없이 우울과 불안 증상을 줄여주고 반복되는 생각에서 벗어나는 데에도 효과적이다. 부정적 생각의 반복에서 벗어나기 위해 다양한 방법을 시도했으나 이로부터 벗어나기 어렵다면, 정신과를 방문하여 우울장애나 불안장애에 해당하지는 않은지, 약물 복용이 도움이 될지 전문가와 상의해볼 것을 추천한다.

삶을 변화시키는 생각의 기술들

우리는 왜 생각을 반복할까요?

부정적인 생각의 반복에서 어떻게 빠져나와야 할까요?

이 책은 위 질문에 대한 저의 탐색과 고민, 성찰의 결과입니다. 생각에 빠진 환자들을 어떻게 도울지 고민하는 한편, 생각이 많은 저 자신을 성찰하고 변화시키고자 노력했습니다. 이 과정을 기록하다 보니 어느덧 책 한 권이 되었습니다. 이 책이 우울과 불안으로 힘들어하는 사람에게는 증상을 줄이는 효과가, 성장을 꿈꾸는 사람에게는 변화의 기회를 가져다줄 수 있기를 바랍니다.

여러분과 저의 여정은 여기서 끝나지만, 생각의 변화를 향한 여러분만의 여정은 이제 시작입니다. 무엇보다 '내 생각을 점검하는 메타자각'은 꼭 기억하고 실천하기를 권합니다. 이를 통해 우리는 생각의 패턴을 알 수 있고 변화시킬 수 있기 때문입니다. 생각의 기술 10가지 중에서 가장 기본이 되며 중요한 기술이라 말씀드리고 싶습니다.

기대했던 변화가 바로 오지 않더라도 실망하지 마세요. 영감과 행동으로 삶이 극적으로 변화하는 일은 드뭅니다. 오히려 낙숫물에 바위가 뚫리는 것과 같이, 작은 힘이 지속적으로 쌓여서 삶의 큰 변화를 일으킵니다. 이 책에서 소개하는 생각의 기술을 삶 속에서 계속 적용하다 보면 언젠가는 크게 변화된 모습을 발견할 수 있을 것입니다. '실패는 그것으로부터 무언가를 배우지 못할 때만 치명적이다'라는 작가 맥스 루케이도Max Lucado의 말처럼 이를 통해 무언가를 배웠다면 여러분은 한 단계 더 성장한 것입니다.

책을 출간하기로 한 후 좋은 글을 쓸 수 있을지, 혹여나 비난받지는 않을지 걱정되고 두려웠습니다. 그럴 때마다 가족의 따뜻한 응원이 큰 힘이 되었습니다. 그들의 응원과 격려가 있기에 용기를 내어 제 생각을 세상 밖으로 꺼낼 수 있었습니다. 저와 같이 무언가를 꿈꾸고 있지만 주저하는 분이 있다면 이 책이 용기를 줄 수 있기를, 더불어 여러분의 변화와 성장을 응원합니다.

미주

1   Killingsworth MA, Gilbert DT, "A wandering mind is an unhappy mind",
     Science. 2010 Nov 12;330(6006):932. doi: 10.1126/science.1192439.
     PMID: 21071660.

2   Spinhoven P, Drost J, van Hemert B, Penninx BW, "Common rather than
     unique aspects of repetitive negative thinking are related to depressive
     and anxiety disorders and symptoms", *J Anxiety Disord.* 2015 Jun;33:45-
     52. doi: 10.1016/j.janxdis.2015.05.001. Epub 2015 May 11. PMID:
     26004746.

3   Spinhoven P, van Hemert AM, Penninx BW, "Repetitive negative thinking
     as a predictor of depression and anxiety: A longitudinal cohort study",
     J Affect Disord. 2018 Dec 1;241:216-225. doi: 10.1016/j.jad.2018.08.037.
     Epub 2018 Aug 10. PMID: 30138805.

4   Killingsworth MA, Gilbert DT, "A wandering mind is an unhappy mind.",
     Science. 2010 Nov 12;330(6006):932. doi: 10.1126/science.1192439.
     PMID: 21071660.

5   Griesbauer EM, Manley E, Wiener JM, Spiers HJ, "London taxi drivers: A
     review of neurocognitive studies and an exploration of how they build
     their cognitive map of London", *Hippocampus.* 2022 Jan;32(1):3-20. doi:
     10.1002/hipo.23395. Epub 2021 Dec 16. PMID: 34914151.

6   Van der Kolk B, "The body keeps the score: Mind, brain and body in the

transformation of trauma", penguin UK, 2014.

7   Mandell D, Siegle GJ, Shutt L, Feldmiller J, Thase ME, "Neural substrates of trait ruminations in depression", *J Abnorm Psychol.* 2014 Feb;123(1):35-48. doi: 10.1037/a0035834. PMID: 24661157; PMCID: PMC4128503.

8   Darnai G, Matuz A, Alhour HA, Perlaki G, Orsi G, Arató Á, Szente A, Áfra E, Nagy SA, Janszky J, Csathó Á, "The neural correlates of mental fatigue and reward processing: A task-based fMRI study", *Neuroimage.* 2023 Jan;265:119812. doi: 10.1016/j.neuroimage.2022.119812. Epub 2022 Dec 13. PMID: 36526104.

9   Burkhouse KL, Jacobs RH, Peters AT, Ajilore O, Watkins ER, Langenecker SA, "Neural correlates of rumination in adolescents with remitted major depressive disorder and healthy controls", *Cogn Affect Behav Neurosci.* 2017 Apr;17(2):394-405. doi: 10.3758/s13415-016-0486-4. PMID: 27921216; PMCID: PMC5366093.

10 Sun X, Zhu C, So SHW, "Dysfunctional metacognition across psychopathologies: A meta-analytic review", *Eur Psychiatry.* 2017 Sep;45:139-153. doi: 10.1016/j.eurpsy.2017.05.029. Epub 2017 Jun 7. PMID: 28763680.

11 Nordahl H, Anyan F, Hjemdal O, "Prospective Relations Between Dysfunctional Metacognitive Beliefs, Metacognitive Strategies, and Anxiety: Results From a Four-Wave Longitudinal Mediation Model", *Behav Ther.* 2023 Sep;54(5):765-776. doi: 10.1016/j.beth.2023.02.003. Epub 2023 Feb 17. PMID: 37597956.

12 Huntley CD, Fisher PL, "Examining the role of positive and negative metacognitive beliefs in depression", *Scand J Psychol.* 2016 Oct;57(5):446-

52. doi: 10.1111/sjop.12306. Epub 2016 Jul 11. PMID: 27401146.

13 Yılmaz AE, Gençöz T, Wells A, "The temporal precedence of metacognition in the development of anxiety and depression symptoms in the context of life-stress: a prospective study", *J Anxiety Disord*. 2011 Apr;25(3):389-96. doi: 10.1016/j.janxdis.2010.11.001. Epub 2010 Nov 9. PMID: 21144700.

14 Wilkinson PO, Goodyer IM, "The effects of cognitive-behavioural therapy on mood-related ruminative response style in depressed adolescents", *Child Adolesc Psychiatry Ment Health*. 2008 Jan 29;2(1):3. doi: 10.1186/1753-2000-2-3. PMID: 18230146; PMCID: PMC2266703.

15 Hardeveld F, Spijker J, De Graaf R, Nolen WA, Beekman AT, "Recurrence of major depressive disorder and its predictors in the general population: results from the Netherlands Mental Health Survey and Incidence Study (NEMESIS)", *Psychol Med*. 2013 Jan;43(1):39-48. doi: 10.1017/S0033291712002395. Epub 2012 Oct 31. PMID: 23111147.

16 Michalak J, Hölz A, Teismann T, "Rumination as a predictor of relapse in mindfulness-based cognitive therapy for depression" *Psychol Psychother*. 2011 Jun;84(2):230-6. doi: 10.1348/147608310X520166. Epub 2011 Apr 13. PMID: 22903859.

17 Toyoshima K, Ichiki M, Inoue T, Shimura A, Masuya J, Fujimura Y, Higashi S, Kusumi I, "Subjective cognitive impairment and presenteeism mediate the associations of rumination with subjective well-being and ill-being in Japanese adult workers from the community" *Biopsychosoc Med*. 2021 Oct 2;15(1):15. doi: 10.1186/s13030-021-00218-x. PMID: 34600577; PMCID: PMC8487485.

18   Karabati S, Ensari N, Fiorentino D, "Job Satisfaction, Rumination, and Subjective Well-Being: A Moderated Mediational Model", *J Happiness Stud.* 2019; 251–268. doi:10.1007/s10902-017-9947-x

19   Kim S, Thibodeau R, Jorgensen RS, "Shame, guilt, and depressive symptoms: a meta-analytic review", *Psychol Bull.* 2011 Jan;137(1):68-96. doi: 10.1037/a0021466. PMID: 21219057.

20   Kobayashi, Emiko, Harold Grasmick, and Gustav Friedrich, "A cross‾cultural study of shame, embarrassment, and management sanctions as deterrents to noncompliance with organizational rules", *Communication Research Reports.* 2001 18.2; 105-117. doi:10.1080/08824090109384788

21   Dijksterhuis A, Bos MW, van der Leij A, van Baaren RB, "Predicting soccer matches after unconscious and conscious thought as a function of expertise", *Psychol Sci.* 2009 Nov;20(11):1381-7. doi: 10.1111/j.1467-9280.2009.02451.x. Epub 2009 Oct 8. PMID: 19818044.

22   Levitt, Steven D, "Heads or tails: The impact of a coin toss on major life decisions and subsequent happiness.", *Rev Econ Stud.* 2021 88:378-405.

23   Xie L, Kang H, Xu Q, Chen MJ, Liao Y, Thiyagarajan M, O'Donnell J, Christensen DJ, Nicholson C, Iliff JJ, Takano T, Deane R, Nedergaard M, "Sleep drives metabolite clearance from the adult brain", *Science.* 2013 Oct 18;342(6156):373-7. doi: 10.1126/science.1241224. PMID: 24136970; PMCID: PMC3880190.

24   Irwin MR, Vitiello MV, "Implications of sleep disturbance and inflammation for Alzheimer's disease dementia", *Lancet Neurol.* 2019 Mar;18(3):296-306. doi: 10.1016/S1474-4422(18)30450-2. Epub 2019 Jan

17. PMID: 30661858.

25   Cho YW, Shin WC, Yun CH, Hong SB, Kim J, Earley CJ, "Epidemiology of insomnia in korean adults: prevalence and associated factors", *J Clin Neurol*. 2009 Mar;5(1):20-3. doi: 10.3988/jcn.2009.5.1.20. Epub 2009 Mar 31. PMID: 19513329; PMCID: PMC2686894.

26   Galbiati A, Giora E, Sarasso S, Zucconi M, Ferini-Strambi L, "Repetitive thought is associated with both subjectively and objectively recorded polysomnographic indices of disrupted sleep in insomnia disorder", *Sleep Med*. 2018 May;45:55-61. doi: 10.1016/j.sleep.2017.10.002. Epub 2017 Oct 24. PMID: 29680429.

27   Hager NM, Judah MR, Milam AL, "Loneliness and Depression in College Students During the COVID-19 Pandemic: the Role of Boredom and Repetitive Negative Thinking", *Int J Cogn Ther*. 2022;15(2):134-152. doi: 10.1007/s41811-022-00135-z. Epub 2022 Apr 8. PMID: 35432692; PMCID: PMC8990489.

28   Kane MJ, McVay JC, "What mind wandering reveals about executive-control abilities and failures.", *Curr Dir Psychol Sci*. 2012 21.5:348-354.

29   Schooler JW, Smallwood J, Christoff K, Handy TC, Reichle ED, Sayette MA, "Meta-awareness, perceptual decoupling and the wandering mind", *Trends Cogn Sci*. 2011 Jul;15(7):319-26. doi: 10.1016/j.tics.2011.05.006. Epub 2011 Jun 20. PMID: 21684189.

30   Zhou HX, Chen X, Shen YQ, Li L, Chen NX, Zhu ZC, Castellanos FX, Yan CG, "Rumination and the default mode network: Meta-analysis of brain imaging studies and implications for depression", *Neuroimage*. 2020 Feb 1;206:116287. doi: 10.1016/j.neuroimage.2019.116287. Epub 2019 Oct 23.

PMID: 31655111.

31 Brand S, Colledge F, Ludyga S, Emmenegger R, Kalak N, Sadeghi
    Bahmani D, Holsboer-Trachsler E, Pühse U, Gerber M, "Acute Bouts
    of Exercising Improved Mood, Rumination and Social Interaction in
    Inpatients With Mental Disorders", *Front Psychol.* 2018 Mar 13;9:249. doi:
    10.3389/fpsyg.2018.00249. PMID: 29593592; PMCID: PMC5859016.

32 Rosenbaum S, Sherrington C, Tiedemann A, "Exercise augmentation
    compared with usual care for post-traumatic stress disorder: a
    randomized controlled trial", *Acta Psychiatr Scand.* 2015 May;131(5):350-
    9. doi: 10.1111/acps.12371. Epub 2014 Dec 1. PMID: 25443996.

33 Radvansky GA, Krawietz SA, Tamplin AK, "Walking through doorways
    causes forgetting: Further explorations", *Q J Exp Psychol (Hove).* 2011
    Aug;64(8):1632-45. doi: 10.1080/17470218.2011.571267. Epub 2011 May
    24. PMID: 21563019.

34 Kühn S, Berna F, Lüdtke T, Gallinat J, Moritz S, "Fighting Depression:
    Action Video Game Play May Reduce Rumination and Increase
    Subjective and Objective Cognition in Depressed Patients", *Front Psychol.*
    2018 Feb 12;9:129. doi: 10.3389/fpsyg.2018.00129. PMID: 29483888;
    PMCID: PMC5816361.

35 Virtanen M, Ferrie JE, Singh-Manoux A, Shipley MJ, Stansfeld SA, Marmot
    MG, Ahola K, Vahtera J, Kivimäki M, "Long working hours and symptoms
    of anxiety and depression: a 5-year follow-up of the Whitehall II study",
    Psychol Med. 2011 Dec;41(12):2485-94. doi: 10.1017/S0033291711000171.
    Epub 2011 Feb 18. PMID: 21329557; PMCID: PMC3095591.

36 Hayashi R, Iso H, Yamagishi K, Yatsuya H, Saito I, Kokubo Y, Eshak

ES, Sawada N, Tsugane S, "Japan Public Health Center-Based (JPHC) Prospective Study Group. Working Hours and Risk of Acute Myocardial Infarction and Stroke Among Middle-Aged Japanese Men - The Japan Public Health Center-Based Prospective Study Cohort II", *Circ J*. 2019 Apr 25;83(5):1072-1079. doi: 10.1253/circj.CJ-18-0842. Epub 2019 Mar 6. PMID: 30842356.

37 Sloan DM, Marx BP, Epstein EM, Dobbs JL, "Expressive writing buffers against maladaptive rumination", *Emotion*. 2008 Apr;8(2):302-6. doi: 10.1037/1528-3542.8.2.302. PMID: 18410204.

38 Feruglio S, Matiz A, Grecucci A, Pascut S, Fabbro F, Crescentini C, "Differential effects of mindfulness meditation conditions on repetitive negative thinking and subjective time perspective: a randomized active-controlled study", *Psychol Health*. 2021 Nov;36(11):1275-1298. doi: 10.1080/08870446.2020.1836178. Epub 2020 Oct 23. PMID: 33094652.

39 Owens M, Bunce HLI, "Nature-Based Meditation, Rumination and Mental Wellbeing", *Int J Environ Res Public Health*. 2022 Jul 26;19(15):9118. doi: 10.3390/ijerph19159118. PMID: 35897493; PMCID: PMC9332585.

40 Wood W, Quinn JM, Kashy DA, "Habits in everyday life: thought, emotion, and action", *J Pers Soc Psychol*. 2002 Dec;83(6):1281-97. PMID: 12500811.

41 Baladron J, Hamker FH, "Habit learning in hierarchical cortex-basal ganglia loops", *Eur J Neurosci*. 2020 Dec;52(12):4613-4638. doi: 10.1111/ejn.14730. Epub 2020 May 16. PMID: 32237250.

42 Lally P, Van Jaarsveld CH, Potts HW, Wardle J, "How are habits formed: Modelling habit formation in the real world", *J. Eur J Soc Psychol*. 2010

40(6):998-1009.

43   Heinz A, Daedelow LS, Wackerhagen C, Di Chiara G, "Addiction theory matters-Why there is no dependence on caffeine or antidepressant medication", *Addict Biol*. 2020 Mar;25(2):e12735. doi: 10.1111/adb.12735. Epub 2019 Mar 21. PMID: 30896084.

44   Feurer C, Francis J, Ajilore O, Craske MG, Phan K, Klumpp H, "Emotion regulation and repetitive negative thinking before and after CBT and SSRI treatment of internalizing psychopathologies", *Cognit Ther Res*. 2021. 45, 1064-1076.

45   Hou YC, Lai CH, "Aripiprazole monotherapy can relieve ruminations in a case with nonpsychotic depression", *J Neuropsychiatry Clin Neurosci*. 2014 Fall;26(4):E32-3. doi: 10.1176/appi.neuropsych.13100324. PMID: 26037881.

머릿속 생각을 끄고 일상을 회복하는 뇌과학 처방전

생각의 배신

초판 1쇄 발행 2024년 4월 5일
초판 4쇄 발행 2024년 6월 7일

지은이 배종빈

대표 장선희 **총괄** 이영철
책임편집 현미나 **기획편집** 한이슬, 정시아, 오향림
마케팅 최의범, 김경률, 유효주, 박예은
디자인 양혜민, 최아영 **외주디자인** 프롬디자인(@fromdesign_studio)
경영관리 전선애

펴낸곳 서사원 **출판등록** 제2023-000199호
주소 서울시 마포구 성암로 330 DMC첨단산업센터 713호
전화 02-898-8778 **팩스** 02-6008-1673
이메일 cr@seosawon.com
네이버 포스트 post.naver.com/seosawon
페이스북 www.facebook.com/seosawon
인스타그램 www.instagram.com/seosawon

ⓒ배종빈, 2024

ISBN 979-11-6822-276-2 (03180)

서사원은 독자 여러분의 책에 관한 아이디어와 원고 투고를 설레는 마음으로 기다리고 있습니다.
책으로 엮기를 원하는 아이디어가 있는 분은 이메일 cr@seosawon.com으로 간단한 개요와 취지,
연락처 등을 보내주세요. 고민을 멈추고 실행해보세요. 꿈이 이루어집니다.